JN065298

自分たちで学校を変える!
教師のわくわくを生み出すプロジェクト型業務改善のススメ

澤田 真由美

先生の幸せ研究所代表／
学校専門働き方・組織風土改革コンサルタント

教育開発研究所

はじめに

「業務改善って楽しい」

そんなことに気づく実践者が増えたらいいなと思っています。

学校の業務改善は、学校全体を聖域なく見渡し、「もっとこうだったらなあ」をかなえていくことです。単に削減一方のものではありません。

「プロジェクト型業務改善」は、自分たちの手で自分たちの職場をよりよくするので、手応えも難しさも両方あります。知恵と本音で組織をつくり直すこともあり、一筋縄ではいかないこともありますが、それ自体がクリエイティブでおもしろさがあります。本書で紹介するのは2校と1教育委員会ですが、彼らからは、「楽しい」「続けたい」「こういうこと自体が画期的」という声があがりました。

また、3つの組織の様子を読めば、取り組みは直線的にうまくいくものではなく、山

●外部の力を借りるのが得意ではない。
●マネジメントやリーダーシップについて体系的に習得する機会が少ないため、実は管理職も困っている。
●勤務時間内に15分や30分話し合う時間すら取りにくい。
●もっとこうだったらいいのにと思っている人は少なからずいるが、その思いを出せる創造的な場がほとんどない　など。

毎年数十校の支援先の学校に伴走するなかで、こうした先生文化や学校風土に気づくたびに工夫を重ねました。

同時に、私がずっと大切にしてきたことが2つあります。

ひとつ目は、そこにいる人たちの主体性です。そこにいる人たちの、わくわくや願い（内発的動機）です。桜丘小学校もセントヨゼフ学園も枚方市教育委員会も、中で働く人たちの「やりたい」「こうありたい」を尊重して進めました。わくわくするかどうか、自分の願いを大切にできているかどうか。これができていないときは、力もアイデアも湧かず、幸せとは遠い状態です。一方で、これができているときは、力は内から湧いてきますし、アイデアはより高い視点でよいものが出てきます。

ふたつ目は、支援後の自走です。教師が子どもたちに卒業後もついていてあげられないのと同じで、コンサルタントがずっとそばにいることはできません。また、異動や転職や退職で人が入れ替わることもあります。「あの人がいないとできない」ではなく、校内の多くの人が当事者になり、仕組みや風土も定着することを目指してきました。

こんなふうにつくっていったのが、「プロジェクト型業務改善」です。

取り組み自体にやりがいを感じるような業務改善について知りたい方や、「やってよかった続けたくなる業務改善」「チャレンジできる職場づくり」を実現したいと思っている方には、きっとぴったりです。

さあ、一緒に2校と1教育委員会のストーリーを見ていきましょう！

目次

4 プロジェクトの動き――次々と起こる変化

5 振り返りと来年度に向けて

1章

プロジェクト型業務改善の目指すところ

学校改革の自助・共助・公助

働き方改革には、「自助」「共助」「公助」という3つの観点があります。

この用語は防災においてよく使われていますが、そこでの意味は「自助」は自分で自分の命を守ること、「共助」は周りの人と力を合わせて命を守ること、「公助」は公の力で住民の命を守ることです。

これを働き方改革に置き換えると、次のようになります。

自助：自分自身のタイムマネジメントやスキルアップなど【個人裁量】
共助：チームや組織で自ら業務を改善すること【自分たち裁量】
公助：大規模な人的支援やICT支援・ガイドライン作成・法規法令整備など教育委員会や国にしかできないこと【公裁量】

本書は「共助」の中でも、知恵を出し合って取り組む「プロジェクト型業務改善」に取り組んだ学校・教育委員会のリアルなストーリーです。

自助・共助・公助のどれも大切ですが、自助や共助任せだけでは限界があります。一方で公助だけでは、たとえばハード面が整って人が増えても、できた時間を各自、または学校として有効活用できなかったり、自ら仕事を増やしたりしてしまうこともよく見かけます。

そのなかで、共助に目を向けると、実はできることはたくさん見つかります。文部科学省も全国の学校における働き方改革事例集を出していて参考になります。ただ、共助は自助と違い自分一人で完結するものではなく、また、公助と違い自分以外の誰かがやってくれるものでもありません。

「校長が決断してくれればいいじゃないか」という声も聞こえてきそうです。当然、最終決断と責任を負うのは校長先生です。しかし、校長先生がすることと教職員が望むことには2倍の乖離があるというデータ＊1もあり、校長先生が一人で考えて決めたことが教職員の望む改革になるとは言い切れません。

＊1　某自治体が、2021年度に域内の学校を対象に実施した調査の結果によるものです。

校長先生だけが考えるのではなく、組織の構成員である教職員一人一人が良質な知恵を出し合って、それがうまく合わさることが、幸せな学校の実現には必要です。またそれは、職員室が民主的になっていく取り組みでもあります。

これを先生の幸せ研究所では「プロジェクト型業務改善」と名づけています（詳しくは5章をご参照ください）。

学校は創造的な未来をつくることができる

知恵を集めて実現するという体験をしてみると、「自分たちで学校をつくっていけるなんて夢のよう」「7年間言えなかったことが言えた」「楽しい」等、取り組み自体をポジティブにとらえる声も多くあがります。勤務校をよりよくしたいという想いをもった教職員が職員室にいても、彼らを活かせるような場が十分にある学校はまだまだ少数派です。知恵を出し合って自分たちで形にしていける取り組みをこれまで経験したことがなかったという声は、本書で紹介する学校からもあがっていました。

「社会を変えることができる」と考えている若者が日本では少ないという調査結果＊2

がありますが、私は日本社会を可能性あふれるものに変える力が学校にはあると信じていますし、そうであってこそ学校だと思っています。でも実際は、先生たち自身が自らの力を信じていない学校も多く、学校現場にヒアリングをすると、職員室にも校長室にも閉塞感が漂っていることがよくあります。

先生たち自身が、「自分たちは社会を変えられる可能性をもっている」ことを実感できるような体験が、業務改善というテーマのもとでできたなら、時間も生まれて一石二鳥です。

そんな体験ができるのが、共助で知恵を出し合う学校の業務改善であり、それは、学校から日本の創造的な未来をつくる営みなのです。

時間を投資する

私は、今の学校が共助の改革を進められない大きな要因は、考えるための時間がない

＊2　18歳意識調査「第20回社会や国に対する意識調査」2019年11月30日

ことだと思っています。日常業務に追われるばかりで、なかなか業務改善にとりかかれないのです。とりかからなければ、当然変化を生み出すこともできず、疲弊していく悪循環から抜け出せません。

悪循環を好循環に変えるには、そのための投資が必要です。たとえば製造業では、商品の質が下がったら一度ベルトコンベアーを止めて点検するでしょう。運送業では、運送手段である車に不具合があれば、運ぶのを止めて車の点検・整備をするでしょう。

本気で好循環に回し直したいのであれば、考えるための時間を本気で捻出することが必要です。日常業務を改善するために、いったん日常業務の手を止めて、時間投資をするのです。

現に、授業や部活動をカットしてでも、学校の未来のために時間投資をする学校はすでに現れ始めています。これまで私がかかわってきたなかでも劇的に変化した学校には、時間投資をしてでも取り組みを前に進めようとする方が多くおられました。本書2章でご紹介する桜丘小学校の全校対話第3回目は、私から校長先生にもちかけ、授業を1時間カットして実施しました（本書80頁参照）。

「授業をカットして教職員の対話の時間を捻出する」。読者の皆さんは、これを聞いてどう思われるでしょうか。「とんでもない」という反応もあれば、「いいね！」という反応もあると思います。

私は、必要なことに必要な時間をかけるという意味で、時には授業を止めてでも考える時間をつくる必要もあるのではと思いますが、いかがでしょうか。

これは、余剰時数があれば考えてみていただきたい視点であり、各校で管理職がＯＫを出せば実現可能です。計画段階から余剰時数がある学校は多いですが、そもそも学習指導要領で定められているのは「標準」授業時数であって「最低」授業時数ではありません。余剰時数ゼロを目指し始めている地域もありますので、これからはむしろ、標準時数を大幅に上回る計画をつくる学校や、それを指示する教育委員会は、その説明を求められるようになっていくでしょう。

見えにくい部分を意識する

ものごとには見えやすい部分と見えにくい部分があります（**図1**）。やってよかったと思える改革にするためには、そのどちらも意識して全体的な変化を生んでいくことが重要です。組織における不満や行き違いの原因の多くは、このバランスが悪いことです。

私たちにいただくご相談の多くは、見えにくい部分を意識していない次のようなものです（**図2**）。

▼できること（つまり見えやすい部分へのアプローチ）はやりつくした。なのに、働きやすくなるどころか期待したほどの勤務時間の変化もないし、むしろ働く人のモチベーションが下がった。

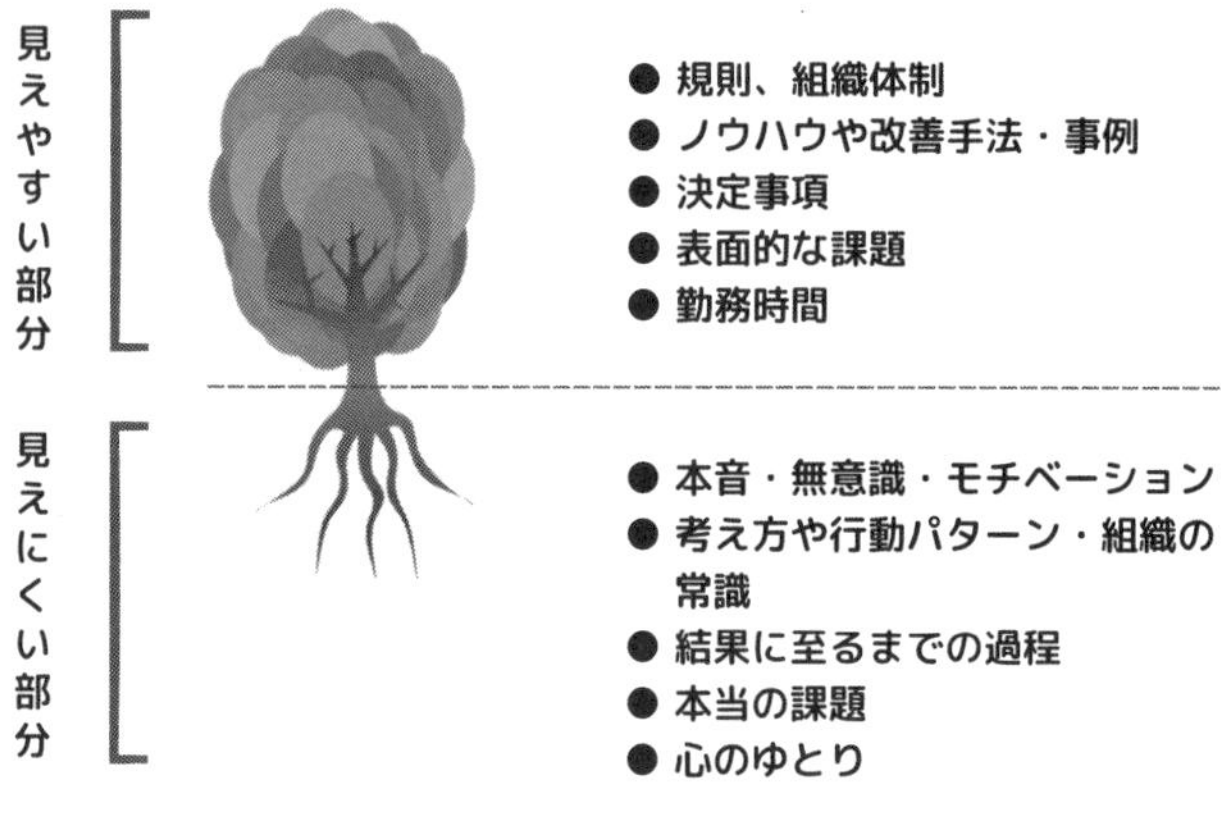

見えやすい部分	● 規則、組織体制 ● ノウハウや改善手法・事例 ● 決定事項 ● 表面的な課題 ● 勤務時間
見えにくい部分	● 本音・無意識・モチベーション ● 考え方や行動パターン・組織の常識 ● 結果に至るまでの過程 ● 本当の課題 ● 心のゆとり

図１　見えやすい部分と見えにくい部分

これは、働く人たちの本音を活かさなかったために望んでいない改革になってしまっている例です。

▼事例をまねしたがうまくいかなかった。

これは、うまくいった事例の結果だけを見て、その結果が出るまでの生々しい、おもてには見えていない試行錯誤に気づくことができずに、表面を見てまねをした例です。

見えにくい部分の課題が根深くなければ、見えやすい部分の変化だけを見て、「うれしい変化」と言えることもあります。もちろん、それならそれでとてもよいことです。

もし、表面的・一時的な変化となっていた

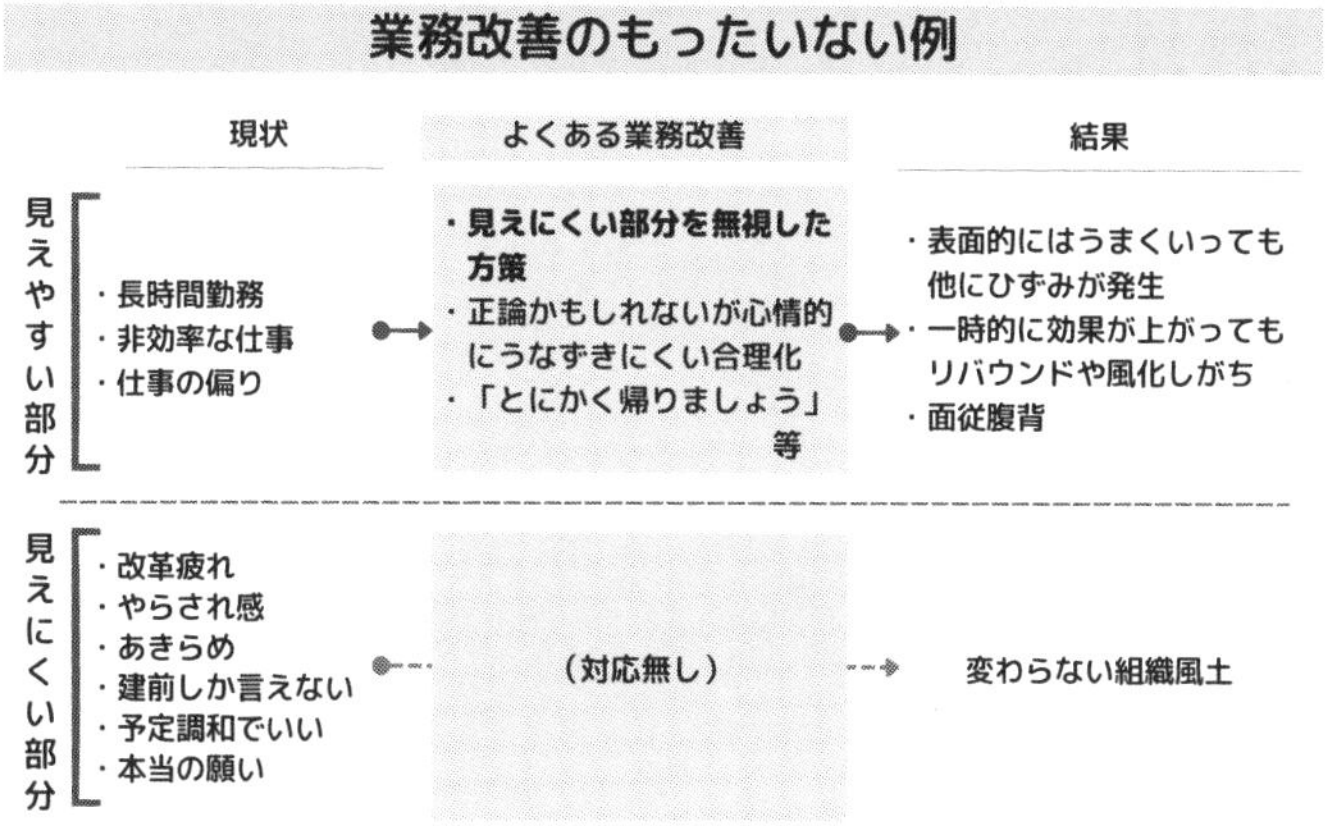

図2　業務改善のもったいない例

り、ひずみやリバウンドが起きていたりするなら、見えにくい部分を見ようとしてみてください。

方策と本音に大きなギャップがあると、面従腹背を起こしがちで、場合によっては教職員の反発や教職員同士での対立が修復困難なものになることもあります。

他校や事例集にある事例をそのまま自校に持ち込もうとするのも、見えにくい部分を見ようとしていない例です。事例は最終的にうまくいったことのみが公開されることが多いので、一見、素敵で簡単そうに見えますが、実際に関わった当事者にインタビューしてみれば、泥臭いことをたくさん積み上げて最終的な成功に至っているケースが大半です。それどころか、当事者たちの発言に多く共通しているのは、「まだこれが完成形だとは思っていない。今でもやりながら改良していっている」ということです。

周りから見れば正解のように見える事例も、渦中の本人たちにとっては、道がなかった頃からその瞬間瞬間で頭も足も使い、判断と行動を積み重ねて、道を切り拓いてきたものです。そうしたことを想像せずに表面的にまねをした結果、校内からも保護者からも反発が出て逆効果になったり、議会でもやり玉にあがったりしてしまったという話を聞くこともあります。

自ら行動して変化を生み出す

自ら行動し、変化を生み出す業務改善を「プロジェクト型業務改善」と言います（図3）。

「成果」は、一般的には見えやすい部分の変化のことを指します。目指すべきは、成果を生み続けることができる組織づくりですが、そのためには見えにくい部分を見ようとする、「全体的な解決」という視点が必要です。

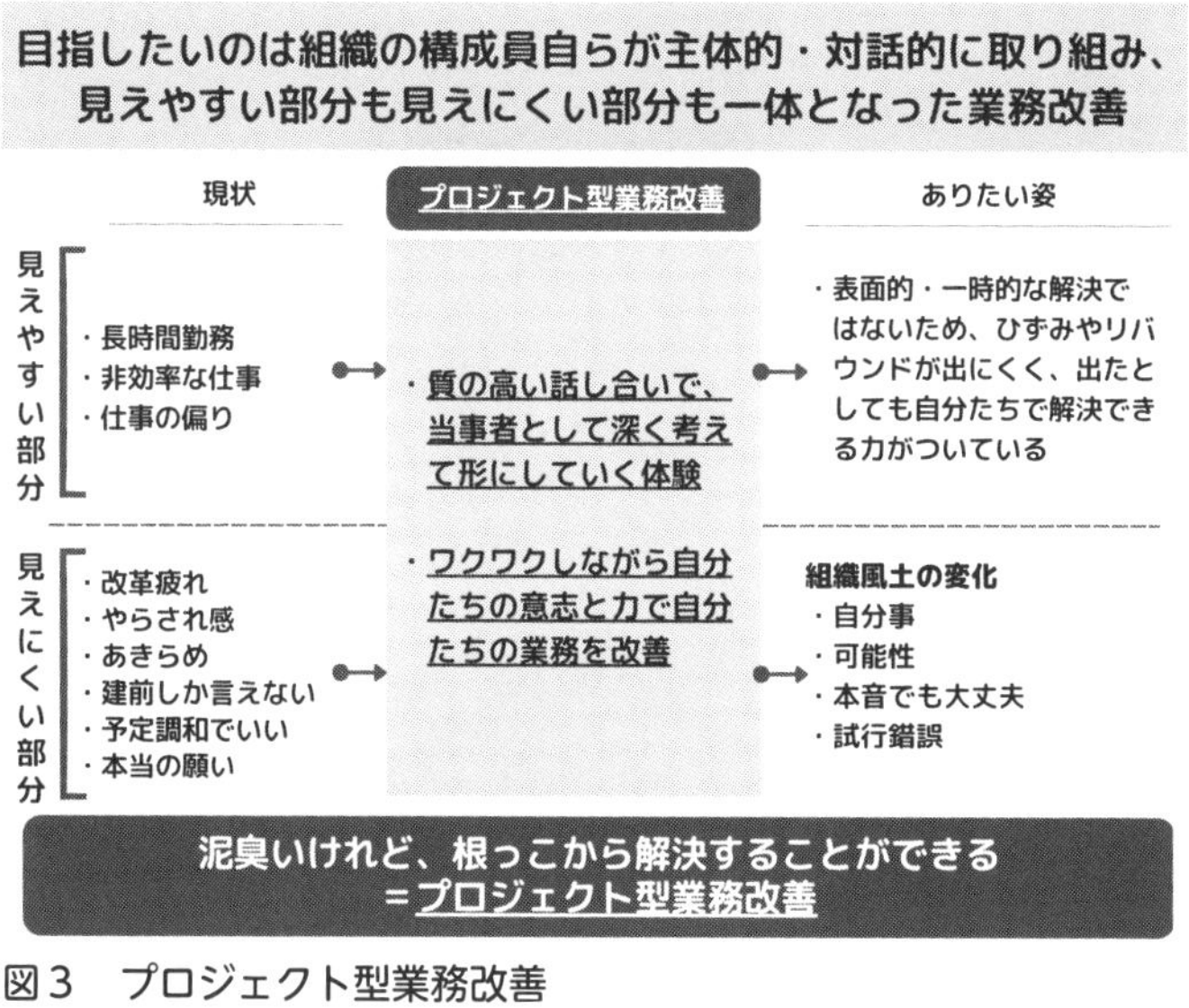
目指したいのは組織の構成員自らが主体的・対話的に取り組み、
見えやすい部分も見えにくい部分も一体となった業務改善
現状
プロジェクト型業務改善
ありたい姿
見えやすい部分
・長時間勤務
・非効率な仕事
・仕事の偏り
・質の高い話し合いで、当事者として深く考えて形にしていく体験
・表面的・一時的な解決ではないため、ひずみやリバウンドが出にくく、出たとしても自分たちで解決できる力がついている
見えにくい部分
・改革疲れ
・やらされ感
・あきらめ
・建前しか言えない
・予定調和でいい
・本当の願い
・ワクワクしながら自分たちの意志と力で自分たちの業務を改善
組織風土の変化
・自分事
・可能性
・本音でも大丈夫
・試行錯誤
泥臭いけれど、根っこから解決することができる
＝プロジェクト型業務改善

図3　プロジェクト型業務改善

しかし悩ましいのは、見えにくい部分にアプローチするときに「あきらめないことが大切です」「本音が大切です」と言われても、それは多くの人がすでに承知していることなので、ほとんど意味がないということです。「知っていること」と「できること」には隔たりがあります。

非認知能力を伸ばすのと同じで、見えにくい部分の変化に必要なのは、**実際の体験**です。体験を通して、「自分にもできた」「本音を言っても大丈夫だった」という実感を得ることで、見えにくい部分が本当に変わっていきます。

事例や理論などの必要な知識を得て理解できたとしても、その知識を望む変化につなげることとは大きな段差があります。実際のアクションに移せば、複雑で想定外だらけで、「思っていたことと違う」となることばかりです。計画どおり直線的にはいかないことも多々あります。校内の多様すぎる価値観の前に途方に暮れることもあります。いきなり理想的な姿に生まれ変わるわけでもありません。

魚の捕り方を聞かされただけでは机上の空論に終わります。知識を得ても実行しなければ、ファンタジーと同じです。

重要なのは、スキルの足りなさもリソースの足りなさも計画どおりにいかないことも価値観のぶつかり合いも、どれも受け止めて試行錯誤しながら「実際に魚を捕る」ことです。自分以外の誰かの行動を待つのではなく、自ら行動して変化を生み出してみることです。

想定外をおもしろがりながら、より本質的で全体的な変化を生み出せる組織に進化するために必要なのは、こうした試行錯誤の実体験です。

業務改善と教師の資質向上の関係性

ぜひ知っておいてもらいたいのは、プロジェクト型業務改善のプロセスが学校にとって大きな財産、つまり人材育成となるということです。

学校専門ワークライフバランスコンサルタントとして150校以上の学校の変化を近くで見てきた私たちは、働き方の変化だけではなく、教職員の視座が上がったり、授業が進化したりすることを目の当たりにしていますし、それを実感する声も数多く頂戴しています。プロジェクト型業務改善が教師の資質向上になるという実感があるのです。

図4は、働き方改革と教師の資質向上について、先生の幸せ研究所と信州大学の荒井英治郎准教授、兵庫教育大学の清水優菜助教とで調査した結果です。

　ここで言う教師の資質とは、経済産業省が唱えるこれからの教師に求められる「新しい専門性」のことであり、具体的には次のようなものです。

●チェンジ・メイカー（教育現場のBPR＊3推進や学校環境の改善を進める者）

●アクティブラーナー（自らの追い求めるテーマを探究し続ける者）

●ファシリテーター（子どもたちのアクティブ・ラーニングを助ける者）

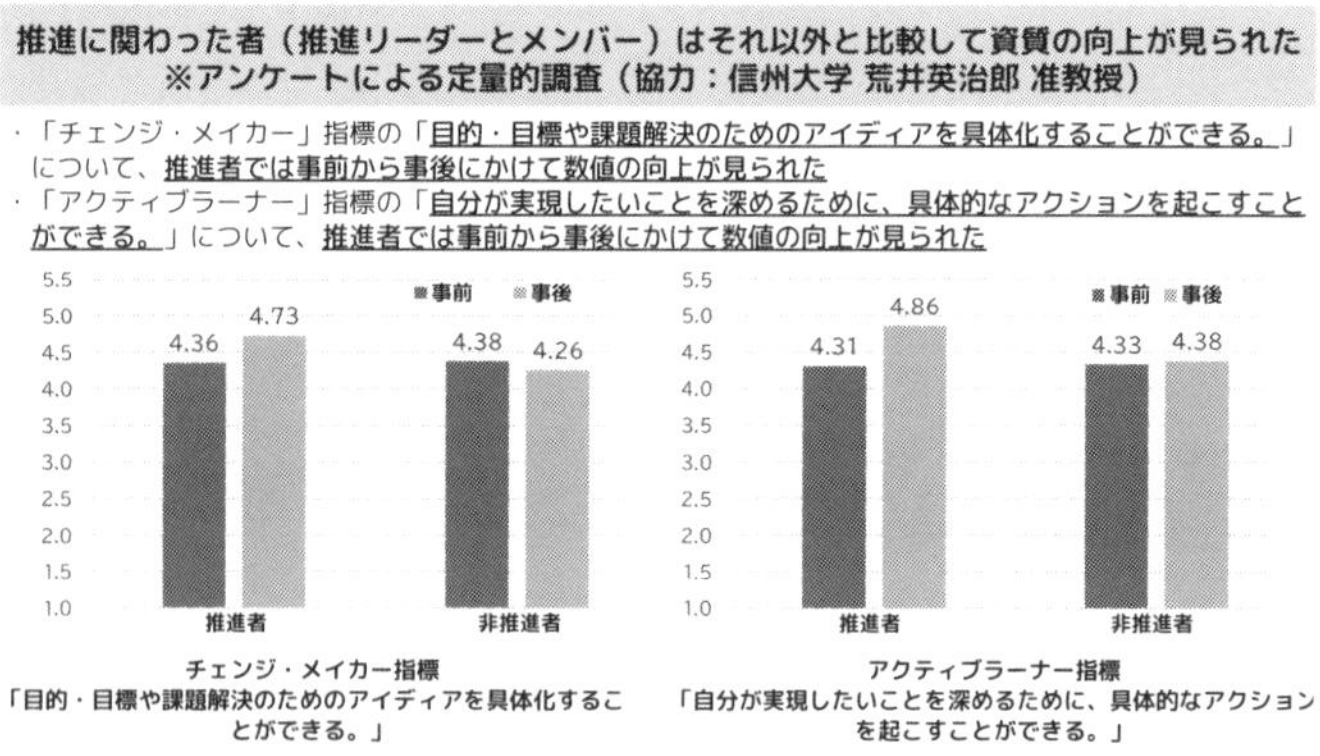
推進に関わった者（推進リーダーとメンバー）はそれ以外と比較して資質の向上が見られた
※アンケートによる定量的調査（協力：信州大学 荒井英治郎 准教授）
・「チェンジ・メイカー」指標の「目的・目標や課題解決のためのアイディアを具体化することができる。」について、推進者では事前から事後にかけて数値の向上が見られた
・「アクティブラーナー」指標の「自分が実現したいことを深めるために、具体的なアクションを起こすことができる。」について、推進者では事前から事後にかけて数値の向上が見られた
事前
事後
4.36
4.73
4.38
4.26
推進者
非推進者
チェンジ・メイカー指標
「目的・目標や課題解決のためのアイディアを具体化することができる。」
4.31
4.86
4.33
4.38
アクティブラーナー指標
「自分が実現したいことを深めるために、具体的なアクションを起こすことができる。」

図4　チェンジ・メイカーとアクティブラーナー

これらを業務改善や学校改革に置き換えて、イチから指標をつくりました。

学校をよりよく変える「チェンジ・メイカー」

- 当事者であろうとし、自ら率先して行動する力
- 考えたことを形にする力
- 学校や社会は変えられると思う力　等

自らの追い求めるテーマを探究し続ける「アクティブラーナー」

- 経験にとらわれずに視野を広げ「そもそも」を考え続ける力
- 困難を乗り越えようとする粘り強さ
- 自校教職員に限らず必要な人とネットワークをつくる力　等

＊3　ＢＰＲとは、Business Process Re-engineering の略で、民間企業の働き方改革で用いられている手法です。経済産業省「未来の教室」事業では、教育現場における業務実態を把握し、効率化余地や今後の改善に向けたプランを構築し、「学校における働き方改革」を実現するための方法を「学校ＢＰＲ」としています。

同僚とチームで課題を解決する「ファシリテーター」
●多様な意見に耳を傾ける力
●個人や組織の可能性を最大限発揮させる力
●より確からしい納得解を集団として作り出せるように導く力　等

測定の結果、プロジェクト型業務改善に関わった教職員は、**図4**のようにチェンジ・メイカー度とアクティブラーナー度が向上しました。

これまで肌感覚でもっていた、教職員の資質向上の一端を定量化できたのです。

教職員の声から見える成長の姿

教職員からは次のような声があがり、3指標それぞれにおいて一人一人が成長したことがわかります。

▼どうしたら現状を改善できるのか、自分のレベルで考え始められるようになった。

▼「どうせ進まない」と不満を言ってきたが、そうさせていたのは自分かもしれないと

気づいた。

▼私たち教師がリスペクトを伴う対話力や、ＶＵＣＡに対応し得る知恵やスキルを身につけないといけない。

▼これまでは自分の範囲内の仕事にしか対応せず学校のことは後回しだったが、この学校のことを考えつつ行動できるようになった。

▼ひとつのことに対して一生懸命考えて議論するのはとてもおもしろいと実感できた。

また、本書で紹介する２校に限らず、これまでプロジェクト型業務改善を実施した学校では次のような声があがったこともありました。

▼一生モノの知恵が身についた（教員）。

▼先生たちがこの取り組みを通して自ら考え始めるようになったので、日頃の相談内容が「一体どうしたらいいでしょうか」から「こう考えたんですがアドバイスください」に変わり、学級経営、保護者対応、学習指導のどれもが伸びたのがわかった（校長）。

▼学校全体にゆとりが出た。先生たちが自信をもつようになったことで子どもたちが目

に見えて落ち着き、保護者のお叱りの声や、放課後の学校外でのトラブルが減った（教員）。

▼若手教員や講師が成長した。自信がなさそうな授業だったのが、プロジェクトで認められて自信がついたことで、教室での声の張りや態度まで変わった（校長）。

学校の業務改善は、単なる残業削減だとか、学校のクリエイティビティを阻害するものだと誤解されていることがよくありますが、実はやり方次第では、共助の改革はそのプロセス自体にもすばらしい効果があると言えます。業務改善と同時に教職員は成長するものであり、学校や教育をアップデートさせる起爆剤になる可能性を秘めています。

校内で業務改善を現職教育や研究テーマにしている学校や、学校経営の中核にプロジェクト型業務改善を据える学校は増えています。教員研修の望ましいあり方が話題になる昨今ですが、プロジェクト型業務改善がもつ人材育成の側面が認識されれば、業務改善で教職員が試行錯誤すること自体が研修の代わりとなり、働き方改革と教師の資質向上という両方が一度にかなう、一石二鳥の可能性さえあります。

2章

「自分たちで学校を変えられた！」

――桜丘小学校の実践

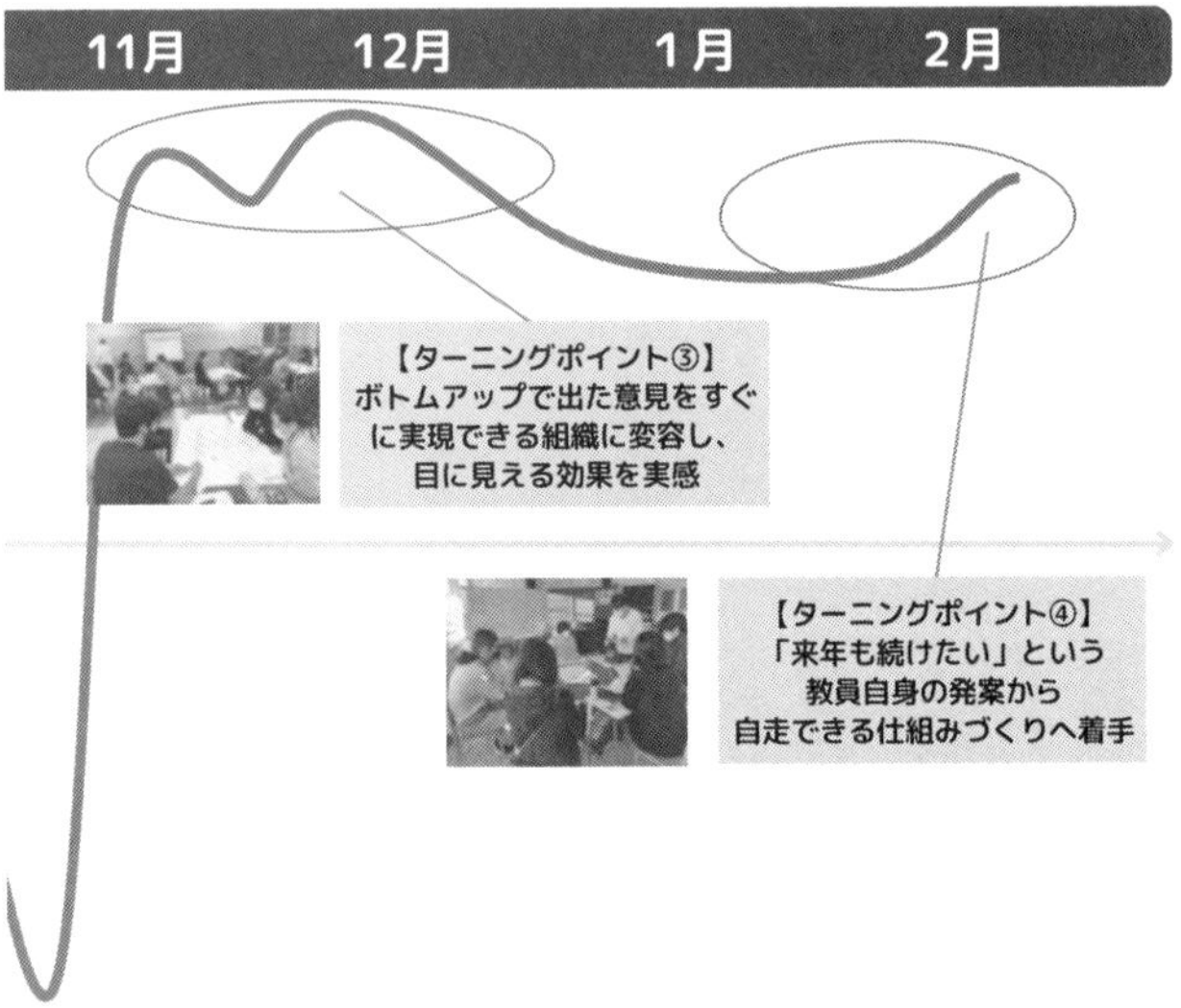
11月
12月
1月
2月
【ターニングポイント③】
ボトムアップで出た意見をすぐに実現できる組織に変容し、
目に見える効果を実感
【ターニングポイント④】
「来年も続けたい」という
教員自身の発案から
自走できる仕組みづくりへ着手

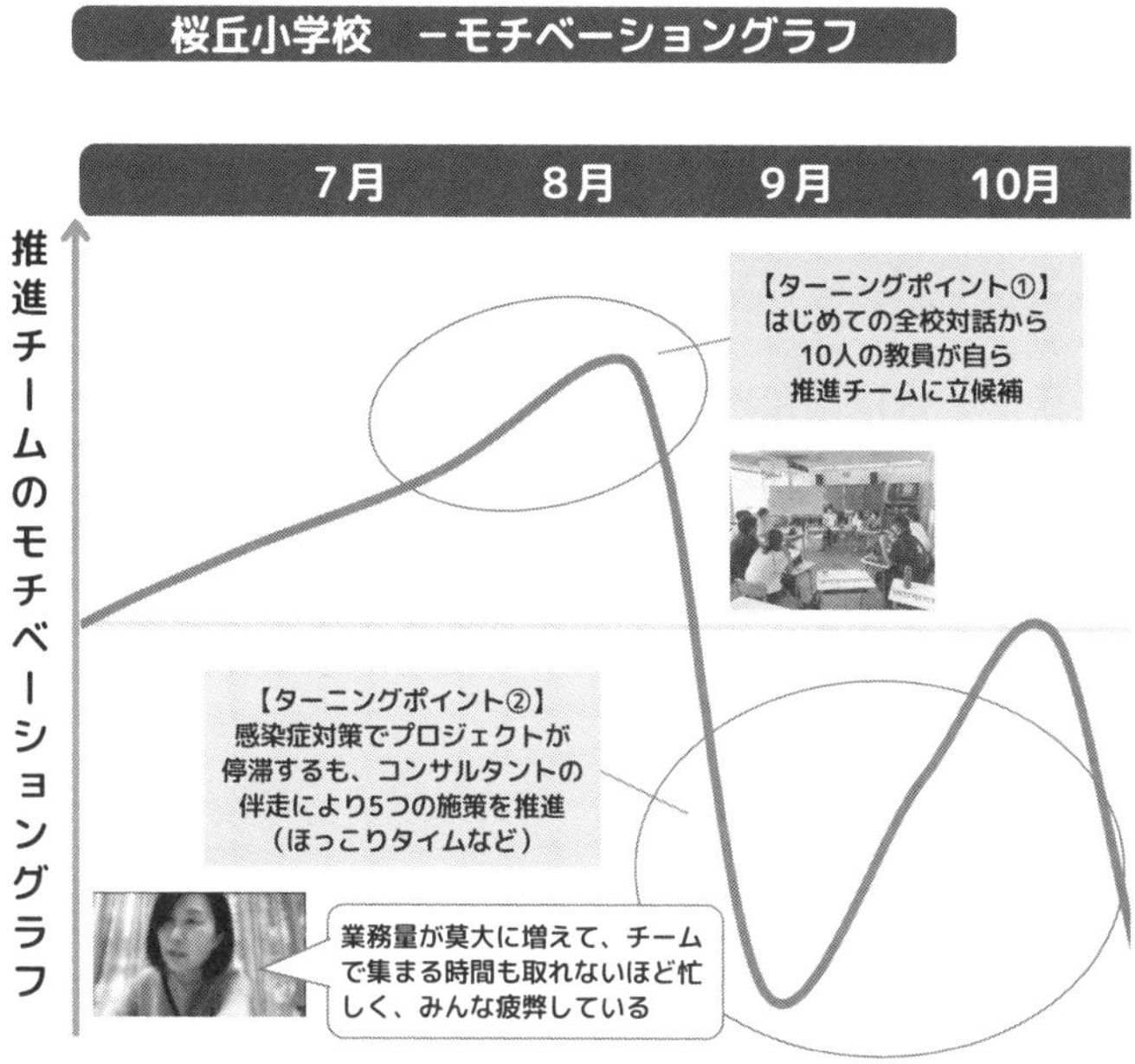
桜丘小学校　－モチベーショングラフ
7月
8月
9月
10月
推進チームのモチベーショングラフ
【ターニングポイント①】
はじめての全校対話から
10人の教員が自ら
推進チームに立候補
【ターニングポイント②】
感染症対策でプロジェクトが
停滞するも、コンサルタントの
伴走により5つの施策を推進
（ほっこりタイムなど）
業務量が莫大に増えて、チームで集まる時間も取れないほど忙しく、みんな疲弊している

成果	さらなるアクション
全体的にどの会議も短くなった 特に生徒指導連絡会は45分×毎週の時間削減 ・「短くなった上にわかりやすくなった」	さらなる工夫と時間に対する意識づけの仕組み化 ・学年会の持ち方工夫 ・異動に耐えて続く仕組み
教員の美化意識向上 ・「自慢の職員室になりました」 ・「ものを探す時間が減った」	活動を楽しめる人を増やす ・呼びかける人を分担 ・音楽で遊び心
教員のICT習熟度UP ・意識はしていてもスキル不足だった層が実践できるようになった	ICTカフェ定期開催 ・データ整理やGoogleツール活用 ・さらにICTスキルUP
引き継ぎ資料作成・整理 ・フォルダ整理 ・フォーマット試験運用中	「誰でもどの校務分掌でも担当できる！」を目指す ・フォーマット活用 ・個人データ処理
関係の質と業務効率の向上 ・何気ない会話が増えた ・打ち合わせや相談がスムーズになった	定着 ・不定期開催／月１開催 ・行事予定に組み込むことも視野に
効率的な掃除方法、日頃の美化 ・毎週約1時間捻出	定着 ・美化と効率化の意識継続

桜丘小学校　－業務改善テーマと成果

業務改善テーマ	取り組み前の現状	改善内容
①会議改善・精選	非効率 ・時間を意識せず話が脱線 ・口頭の報告をテキスト入力 ・教員の頭に残らない報告形式	・教員が事前に報告内容をテキスト化 ・時間を意識した進行・提案
②職員室美化仕組み化	散乱状態 ・職員室が散らかっている ・ものを探す時間が長くかかる	・全教員で集中大掃除 ・週１クリーンタイム （片付け→お菓子プレゼント）
③ICT活用	ICTを活かしきれていない ・授業や校務でもっと使えるはず ・得意／不得意の二極化	・ICTカフェ（スキル交換会）開催 ・教材の一元化
④校務分掌の引き継ぎをスムーズに行うための仕組み化	引き継ぎ資料がなく業務が属人化 ・知りたいことがすぐに手に入らない ・分掌ノウハウの蓄積がない	・引き継ぎ資料作成の仕組み化 ・紙ベースをオンラインへ ・共有フォルダ整理法改善 ・引継書フォーマット作成
⑤同僚性を上げる	感染症対策も相まって会話減 ・異動者との親睦会無し ・マスクの下の顔も知らない先生同士	・雑談できる「ほっこりタイム」 ・月１回30分程度 ・自由参加
⑥掃除効率化	多くの教員が掃除効率化を希望 ・掃除時間が余る学級もあり	・週3回は掃除時間短縮 ・週2回は掃除なし

1 当初の現状

先生の幸せ研究所は枚方市教育委員会を数年来支援しており、市教育委員会からの紹介で桜丘小学校へのコンサルティングが決まりました。

やらなければと思いながら手つかず

桜丘小学校では、弊社の支援開始前にすでに推進リーダー1名、それを支えるサブリーダー2名の先生が、校内のミドル層の中から決まっていました。最初の学校訪問では、その3名と校長先生・教頭先生から学校の現状などについてうかがいました。

▼組織的に取り組むために今年度体制を整えようとしているが、具体的にどうしたらいいかわからない。

▼前年度までは体制もなく、業務改善はやらなければと思いながら日々の忙しさで手つかずだった。

ということでした。これらはよくあることで、全国の多くの学校が同じような現状です。

さらに詳しくは、次のようでした。

▼3名は今年度から任命されていて、推進リーダーの先生は自ら立候補した。

▼このミドルの3名の連携がとてもよい。

▼活動のための時間が取れるかどうかが心配。

▼校長先生は教員のやりたいことをかなえたいと思っている。

「働き方改革」元年

桜丘小学校では前年度まではとくに業務改善に取り組んでいなかったので、今年度が「働き方改革」元年となりました。国や教育委員会の旗振りや報道では「学校の働き方改革」について話題になっていても、個別の学校現場はほとんど無風状態というのは実はよくあることです。

この訪問の数週間前、推進リーダーの先生は、先生の幸せ研究所の支援が受けられることが決まってすぐに、私の著書（『「幸せ先生」×「お疲れ先生」の習慣』２０２０年

3月、明治図書出版）などを参考に、校内でミニワークショップをしてくださっていました。そこでは、スクールサポートスタッフの活用や、教員で何か楽しい催しをしたいなどの声があったそうです。

また、働き方改革についての大きなアレルギー反応はなく、6割以上の教員が前向きだということでしたが、他方で半数以上の教員が、「人を増やすしかない」と、自分たちでできることに限界を感じているように思われたそうです。これもまた、多くの学校でよく見られる自然な反応でした。

2 プロジェクトが動き出すまで

⑴ 第1回全校対話「キックオフ」（7月末）

9割以上の教員が手をあげる

そうした現状をふまえて、夏休みに入ってすぐの7月下旬、校内の教員全員（約30名）で、働き方改革プロジェクトキックオフ全校対話を実施しました（**写真1**）。

キックオフ全校対話の内容

●働き方に関して日ごろ思っていた本音やアイデアを広く出し合い、今後の具体的な改革の素材とする。
●具体的な改革を形にしていく担い手を、手あげ方式で募る。

人を増やすしかないと思っている教員が半数という事前情報のとおり、確かにこの日に出た話題は、「誰かに何とかしてほしい」といった傍観者的なものも多かったのですが、それでも2時間のワークショップの後にふたを開けてみれば、自分たちで知恵を出し合うプロジェクト型業務改善に、全体の9割以上もの教員

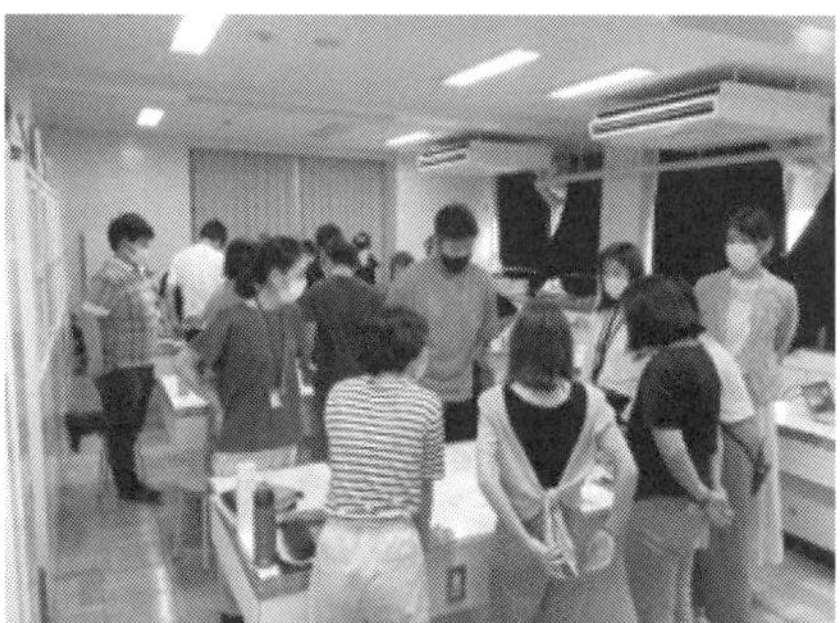

■写真1　キックオフ全校対話

が参加したいと手をあげました。

参加者からは、次のような感想がありました。

▼さっそく取り組めそうなことが結構あると気づかせてくれた。

▼各自が何となく思っていることを掘り起こして、共有できてよかった！

事前の仕掛けで校内の期待を高める

何も仕掛けをせずにプロジェクトへの参加を募ると、手があがるのは1割ですが、最初のワークショップで希望を感じた人が多ければ、その分多くの手があがります。9割は、校内の期待値の表れと言えます。

日ごろ思っていたけれど言いにくかったことをワークショップで吐き出せたり、可能性を感じたりしたことと共に、事前に推進リーダーの先生が行っていたワークショップが校内の耕しになっていたことや、前年度はなかった校内体制が今年度は整ったことなどにより、校内の期待が高まっていたことも大きかったと思います。

こうして、「桜丘スマイルプロジェクト」（ＳＳＰ）がスタートしました。

⑵　SSPキックオフ（8月末）

手をあげた教員の中で、とくに参加意欲を示していた10名が推進メンバーとなり、夏休みが開けてすぐに10名で集まって活動をスタートさせました（**写真2**）。

SSPキックオフの内容

●なぜ手をあげたのかの共有。

●自分のやりたいことをプロジェクトとして立ち上げる。

忙しいなかでわざわざ手をあげた理由については、

▼自分自身が取り組みを通して成長したいと思ったから

▼イチ職員から発案できるめったにない機会だと思っ

■写真2　SSPキックオフ

たから

といったものがありました。これらはまさに、今回のように知恵を出し合うタイプの業務改善のよさを言い当てています。

各学校には、自らの成長や組織への貢献を望む教員が少なからずいます。そういう教員のエネルギーをうまく活かす場を用意して、改革を進められる学校がどんどん増えるといいなと思います。

プロジェクトの立ち上げ

10名でわいわい話しながら、1時間でそれぞれの課題意識に応じて5つのプロジェクトが立ち上がりました。

- ●ICTでゆっくり計画チーム（ICT）
- ●みんなで繋ごう！引き継ぎバトン！チーム（校務分掌）
- ●時間は大切チーム（会議）

●机の乱れは心の乱れクリーンチーム（環境）
●ほっこりチーム（心のゆとり・関係性）

推進リーダーの先生は全体を見る役割として、どこにも所属しないことにしました。
それぞれのチーム名は、先生方が自分たちで決めたものですが、とてもユニークです。
メンバーからは、次のような感想がありました。
▼いろいろ話してアイデアを出し合うのはとても大事だと思いました。
▼スッキリしました。

3 プロジェクトの動き――変化が見えるまで

(1) 感染症対策による停滞を経てプロジェクト始動へ(9月)

業務量増加による発足直後の停滞と先生たちの思い

プロジェクトごとに見通しや目標を決め、それを目安にしながら取り組みを進めていくこととなりました。

ところが、9月に入り新型コロナウイルス感染症感染拡大の影響で、急にハイブリッド授業が始まりました。学校にとっては本当に突然のことで、前日の午後に翌日からハイブリッド授業を始めることがわかり、準備もままならないままバタバタと対応に追われる日々に突入してしまいました。

GIGA端末は揃っていますが、先生たちのスキルはさまざまです。子どもたちへの課題を出すにも、GIGA端末をうまく使ってできる先生ばかりではありませんし、つなぐ環境を用意するのに慣れていない先生もいます。

また、子どもたち全員が各自の自宅からオンラインでつなぐのであればやりやすいですが、教室での対面が混在したハイブリッドになったとたんに難しくなります。単にオンラインでつなぐ環境さえあれば成り立つというわけではなく、オンラインの子どもと、教室にいる子どもの両方を意識して授業を進める工夫が必要となり、より難易度が上がります。準備にも時間がかかりますし、授業中も気を遣うので精神的にも疲れます。

すでに日常業務でパンパンだった忙しいなかで合間を縫ってSSPを進めようとしていたところに、感染拡大でこのような対応が求められさらに余裕がなくなったため、SSPが停滞してしまいました。


ただ、先生たちに個別によく聞いてみたところ、「もう大変でSSPどころではなく……」と言いつつも実は、

▼他業務で大変だけれどSSPは進めたいと思っている

▼自分はICTスキルが高いから、そこまでひっぱくしていないので、スキルを周りの

困っている同僚にシェアしたい
という思いもあることなどがわかりました。

プロジェクト始動の第一歩

そこで9月末に、ＳＳＰのメンバーでの2回目のミーティングを「参加できる人だけでも」と告知して実施しました。

他業務もありミーティングにずっといることができず、出入りする先生もいましたが、それでもＳＳＰの今後のアクションについて、具体的に決めることができました。

参加者と相談のうえ、この日の話し合いのゴールは「各プロジェクトを本当に実現可能なものにする」ことに決定しました。忙しいなかでも各プロジェクトがそれぞれアクションを進められるように、具体的に取り組む「タスク」を決めることまでを目指して、校務分掌プロジェクトとＩＣＴプロジェクトについて1時間、話し合いました。

それぞれのアクションについては、次のようになりました。

校務分掌プロジェクト

【プロジェクトの目的】

誰が担当しても可能なように、引き継げるようにすること

【現状の課題】

- 現担当者が引き継ぎ資料を残すというルールもフォーマットもないので、口頭での引き継ぎとなり、昨年やったことも流れも記録として残っていない。
- 担当者用のノートはあるものの、学校として活かされていない。
- 引き継ぎ資料がないため、新たに担当者になった時にゼロから考えなければならない。
- 年度末の反省が次年度に活かされていない。
- フォルダの整理ができていないため、過去の資料が見つけられない。

これらの課題について参加者全員で共有したところ、いくつかのアイデアやすべきことが出され、その中からすぐにできそうなこと、効果の高そうなことからやっていくことになりました。

さらに、異動で今年度の経緯を知らない人が増えても、今年度に整えたことを風化させないためのアイデアも複数出されました。

最後に、小さな小さな半歩として「過去の記録がどの程度あるのかを確認すること」と決めました。

ICTプロジェクト

【プロジェクトの目的】

ICT活用でラクになること

【ICTチームがやりたいと思っていること】

- 健康観察の記録のオンライン化
- 教員同士で学び合い気軽にスキルアップできるICTカフェ
- 共有ドライブでの会議資料の共有
- Googleクラスルームの教育活動への利用
- 新1年生のタブレット配付に向けた準備

校務に関することから教育活動や環境整備に関することまで多岐にわたっていました。それぞれについて、実施した場合のメリットとデメリット、懸念や実現のためにすることを洗い出して、一歩目のタスクを決めました。

プロジェクトの進め方の手ごたえをつかむ

一緒に知恵を出し合いながら、２チームのタスクが決まっていくのを体験した推進メンバーからは、「自分のプロジェクトについても進め方がわかった」「こうやって話し合えばいいんだ」という声があがりました。

忙しいなかでも自分たちも少しずつ進めていけそう、という手ごたえをつかんだところで、他の３つのプロジェクトも「今日のようにアクション計画を立てること」が次のアクションであることを確認しました。

この日、プロジェクトについての計画の立て方を体験・体感しましたが、まとめると次のようになります。

【プロジェクトの始め方】

①しっくりくる目標を決める。

②やりたいことや必要なことについて概要を洗い出す。

●必要に応じてメンバー間で具体的なイメージをすり合わせる。

●必要に応じて実施した場合と実施しなかった場合のメリット・デメリットを考えるなど。

③優先順位をつける↑↓具体的なタスクを洗い出す。

④スケジュールや一歩目のアクションを決める。

⑤行動！

(2) チーム感を生み出す対話の時間「ほっこりタイム」（10月）

「ほっこりタイム」を業務効率の向上につなげる

多くの読者にとっては意外かもしれませんが、業務効率を上げるためには、業務と関係のないおしゃべりが有効でした。この「ほっこりタイム」の取り組みについて、紹介します。

ＳＳＰメンバーの中に、こんな課題意識をもっている人がいました。

▼日ごろ忙しすぎて、業務上最低限のコミュニケーションしか取れていない。
▼コロナ感染防止のために飲み会もなくなった。
▼今年度は多くの人の異動があったので、マスクの下の顔を知らない人が多い。
▼何を考えているのか、どんな人なのかがわからないので、ちょっとした相談などを持ちかけにくい、話しかけづらい。
▼ちょっと聞けばわかることなのに聞けないため、業務が非効率になっている。
▼教職員がチームとしてやっていきたいのに、お互いが孤立していてそれができていない。

そこで、コロナ禍で飲み会は無理でも、少しでもお互いを知る機会を業務時間内につくろう、ということになり、次のような「ほっこりタイム」を実施しました。

●時間は30分きっかり
●任意参加で無理せず
●途中退席OK
●職員室から場所を変えて、気分を変えて

飲み会でもそうですが、ただ単に「好きなことを話してね」というだけでは、なかなか盛り上がらず、一部の人だけが話して全体としての満足度は低く終わってしまう可能性があります。短時間でも「楽しかった」「お互いへの理解が得られた」となるようにするためには仕掛けが必要です。

■写真3　ほっこりタイム

30分間をどう使うかの設計は、コンサルタントと「ほっこりチーム」の教員で事前に準備をしました。

●人間関係が広がるように→学年や分掌が混ざるよう4人程度のグループに分かれる。

●全員が話せるように→まずは全員がテーマについて一言話してから雑談。
●安心して話せるように→ゆるくテーマを決めておく（なぜ先生になったの？など）。
●お茶やお菓子を用意していつもと違う雰囲気で。

こうした工夫のかいもあって、ほっこりタイムは大成功でした。５分だけ……と言って顔を出した先生も「楽しかったから！」と最後までいたそうです（**写真３**）。

それぞれの立場から見た「ほっこりタイム」の成果

ＳＳＰメンバーからは次のような感想がありました。

▼学年を超え、初めて話せたり、知りたかったこと、新たな発見で驚いたりするなど、みんなそれぞれ楽しくお話ができたと思います。時間もあっという間で、次回からもみなさん快く参加してくれそうな気配です。

▼「とにかく一度仕事の手を止めてちょっとほっこりする」という目標、バッチリ達成できましたね！

▼今年度来られたばかりの先生も、「いろいろお話ができてよかったです」というお声をくださったり、まだまだやれることを見つけられたりしてよかったです。まさにプチ打ち上げのようなみなさんの会話だったように感じました。

▼はじめは、何人くらい来てくれるかな……とドキドキしていましたが、多忙な先生も「5分だけでも……」と出てくださり、とても楽しそうな笑顔で最後までいてくださりうれしかったです。

SSPメンバー以外の参加者からも、次のような好評の声があがりました。

▼歓送迎会などもないので貴重な機会。

▼ほっこりお菓子、美味しかったです。

▼全然話をしたことのない先生方とおしゃべりができて楽しかったです!!

▼いずれはほっこり的打ち上げなどもしたい。

▼短い時間でリフレッシュできました!!

▼転勤してきたばかりなのでたくさん話ができてよかったです。

校長先生は「こんなことをやってどうかな？　本当に何か変わるのかな？」と正直懐疑的だった」けれど、「翌日からのコミュニケーションの質が上がった様子を見て、やってよかったと思った」とのことで、「今は全国の学校にお勧めしたいくらい」と喜ばれ、実際に周りの校長先生たちに勧めていらっしゃるほどでした。

意図的に雑談の時間をつくることの効果

学校には今、雑談の時間が圧倒的に足りないと思います。そうした危機感をもっている学校は案外多く、弊社のこれまでの他校コンサルティングの中でも、15分間や30分間など時間を区切って、「必要な雑談」をすることがありました。

業務改善の名のもとに、職場の潤滑油になっていたはずのコミュニケーションさえも削がれ、ひずみを生んでいる学校が実は多いので、そうした学校に「ほっこりタイム」のような方法は有効な取り組みです。

40代以上の先生は同じような経験をお持ちかもしれませんが、私が教員になりたての平成半ばのころ、成績づけの時期や繁忙期には、職員室で冬はお汁粉がふるまわれたり、夏はアイスが配られたりしていました。特にそういう係があったわけではありません。授業参観や保護者懇談の日なども、教室から職員室に戻ると、気が利く先生が「どうぞ」と言って配ってくださったものです。私よりさらに上の年齢の先生たちは、「昔はもっとゆとりがあったので、よく業間や昼休みごとに、職員室でお茶を飲みながら、教室での困りごとを先生同士で相談し合ってホッと一息ついていた」と言います。

今、こんな光景はほとんど見ることがありません。せわしなく日々の業務に追われている学校が多いのではないでしょうか。特に空き時間の少ない小学校では、休み時間に職員室に戻れる人さえ少ないでしょう。

とはいえ、昔に戻れるわけではありませんので、桜丘小学校のようにコミュニケーションに課題を感じている学校があれば、逆転の発想であえて業務の手を止める「質の高い雑談」の時間をつくり、翌日からのコミュニケーション効率が上がったり、職員室の居心地がよくなったりするという体験を、ぜひしてみてほしいと思います。そしてもちろん、それとともに、業務効率ＵＰや業務削減などの時間も全力で創出することで、メリハリがあり働きやすい学校をつくっていける学校が増えたら……と思います。

この時点では桜丘小学校でも、コミュニケーション効率が上がったとはいえ、見た目上は、ほっこりタイム実施が上乗せされただけです。

5つのプロジェクトの進捗の差により、先にほっこりタイムが実現しましたが、これ以降はその他のプロジェクトの具体的な業務効率化や削減が進んでいきました。

(3) 生徒指導連絡会の改善（10月）

会議改革

10月は、会議チームで大きな動きがありました。

実はこの頃には、桜丘小学校のどの会議も、支援開始前に比べて会議時間が全体的に短くなってきていました。それは、会議チームの働きかけや、学校として推進リーダーを中心とした体制を組んで業務改善を公式なものとしたことで、学校全体に「時間を意識するのが当たり前の雰囲気」が醸成され、配付資料の工夫など各自でできる範囲の効率化が図られてきたことが大きな要因でした。

そこで、すべての会議についてそれぞれ個別に目的の見直しやさらなる工夫をすることとしながら、今後は次の2つの課題に取り組むことになりました。

●さまざまな会議があるなかで、その関係性や目的、学校としての意思決定フローを確立する。

●特に非効率を感じている生徒指導連絡会をよりよくする。

ここでは特に2つめの「生徒指導連絡会」について紹介します。

課題の共有と改善策の検討

生徒指導連絡会は、校内全教員が参加して特に配慮が必要な子どもについての情報共有をする会で、およそ2週間に1回、毎回60分間で実施しているものでした。

SSPメンバーで集まり、生徒指導連絡会の目的や現状について、丁寧に確認していきました。

【生徒指導連絡会の目的】

子どもの事情を教職員が共通理解し、どの教職員でもその子に必要な配慮ができるよ

うになること

【生徒指導連絡会の現状】

▼子どもについてどんな情報を伝えるべき場なのかがはっきりしていない。そのため、担任がその場で思いつくままに、整理されていない情報を話している。わかりにくいうえに時間がかかる。

▼エピソード情報が多い割には、「こういう配慮が必要」という最も肝心なことが共有されていないこともある。

▼各情報提供者の持ち時間が決まっていないため、時間を意識せず長く話し続ける人がいる。

▼機密事項なので各自が手元でメモを取ることができない。記憶に残らないことも多いため、日常の指導に活かせず、生徒指導連絡会で過ごした時間を無駄に感じることが多い。

▼学校に1台の、記録の保存が可能なパソコンに書記が記入しているが、ほとんどの人は後から記録を見返すこともなく、また書記の負担も大きい。

つまり、時間が長くかかる割に、情報に抜け漏れがある場になっており、目的が果たせなくなってしまっていたのでした。

ここでSSPメンバーの一人から、前任校で同様の目的の会議でうまくいっていた方法が紹介されました。

それは、

●学年で情報を取りまとめて、学年代表者が会議に出席する

●そこで聞いた他学年の情報は各学年に持ち帰る

というものでした。SSPメンバーからの異論はなく、あとは会議チームでもう少し煮詰めて、よいタイミングで提案してみようということになり、その日は解散しました。

校長先生の懸念とSSPメンバーの思い

ところがその後、会議チームの出した案について校長先生と推進リーダーと私の3人で話をした際、校長先生が疑問を呈されました。その案では、学校の根幹である生徒指導が軽んじられ、揺らいでしまうのではないかと懸念されていたのです。

会議チームもＳＳＰメンバーも、「子どもの事情を教職員が共通理解し、どの教職員でもその子に必要な配慮ができるようになること」という目的を果たしたい一心で考えた案であり、けっして生徒指導を軽んじているわけではありません。「現状の生徒指導連絡会がその目的をかなえるものになっていないので、現状の課題を解決するために、ＳＳＰメンバーの前任校でうまくいっていた、参加者を絞って必要十分な情報を伝達するという方法をやってみたい。そしてチャレンジしながら柔軟に改善していければ」という思いからの提案でした。

対して校長先生は、「今の桜丘小学校では、会議チームの提案している方法は心配」「代表者だけでは目的が果たせない可能性がある。もしうまくいかなかったときに、今は落ち着いている学校が崩れるのは早い。そして、落ち着いた状態に戻すのにはたいへんな労力がかかる」「全員で担任の言葉を聞くことが大事。学年の代表者だけでいいとなると、他人ごとになってしまう教員が出るのでは」ということでした。

校長先生は生徒指導が困難な学校や、一気に落ち着きをなくしていった学校を見てこられた経験があり、今の桜丘小学校は、生徒指導を大切にしているからこそ落ち着いているということを俯瞰して見ておられ、それが崩れ始めるときの光景を会議チーム以上にリアルに想像していました。

どちらの考えにも一理あります。

二項対立でもどちらか一択でもない「自分たちの解」をつくり出す

こうしたことは、共助の改革では必ず起こる、健全な対立です。また、1章で述べたように、「前任校や事例集にある他校の事例はそのまま持ち込めない」ことがほとんどです。

ここで大切なのは、前任校でうまくいったという会議チームのA案か、管理職が推している現行案かという二項対立になったり、どちらかひとつを選んだりするのではなく、新しいB案をつくる必要があるということです。

多くの共助の改革では、こうした反対や対立が起こると、衝突することを避け、どちらかがあきらめてしまいます。しかしそれでは、何も変化を起こせないままだったり、どちらかが我慢をし続けなければいけなかったりします。どちらか一択しかないという発想から抜け出して、自分たちの学校の実態に応じた「自分たちの解」をつくり出さなければいけないのです。まさに、民主的な職員室づくりの営みです。

その点、桜丘小学校は見事でした。

会議チームと推進リーダーの先生は、校長先生の願いを聞き取り、自分たちの願いも織り交ぜた案を導き出しました。

校長先生の考えをよくよくうかがってわかったのは、「代表者だけではなく全員で聞くこと」「担任の生の声を聞くこと」の２点を押さえていれば、今のやり方を変えてもいいと思っていらっしゃるということでした。

一方で会議チームとＳＳＰメンバーの願いは、「子どもの事情を教職員が共通理解し、どの教職員でもその子に必要な配慮ができるようになること」という目的をより効率的に確実に達せられるように、今のやり方で生じている課題を解決することでした。

会議チームの新しい提案で、会議時間60分が15分に

そこで、会議チームが再度考えた新しい案は次のようなものでした。

●全員参加する。
●各担任は事前に学校のパソコンに当日話す予定のことを記入しておく。
●当日は事前記入したことに沿って話す。

この案をまず、会議チームから教頭先生に相談したところ、「事前記入が先生たちの負担になるかもしれないのが多少心配だけど、いいと思う」との感触をいただきました。次に校長先生にも伝えたところ、「いいと思う」と言っていただきました。そして、企画会議で承認されたのち、教職員全員のいる場で承認され、正式にやってみることとなりました。

そして迎えた生徒指導連絡会当日。会議チーム発案の方法で行われた連絡会は、これまで60分かかっていたのが、なんと15分で終わったのです！

また、これまでと違い、報告者も事前入力の際に伝えたいことを整理できていたため簡潔に話すことができ、聞く側の記憶にも残りましたし、これまでのように1人の書記が必死で入力する必要もなくなりました。

「時間が長くかかる割に、情報に抜け漏れがある場になっており、目的が果たせなくなっていた」という課題も、方法を変えることへの校長先生の懸念も、どちらも解消されました。

これまでより45分も短縮されて密度濃く15分で会議が終わると、教職員からは「最高だったね！」「このやり方、画期的！」「考えてくれてありがとう！」という声があがりました。桜丘小学校にとっての納得解が生まれた瞬間でした。

後日、校長先生からは今回の会議改革について次のような喜びの声がありました。

▼これが会議の質の向上だと思った。

▼難しいと思った生徒指導連絡会の改革が１ヵ月弱でできた。学校が円陣を組んでいるようだった。

▼パソコンへの事前記入を管理職から提案すれば先生たちはやらされ感でやっていたかもしれないが、教員からの提案だったのもとてもよかった。

▼業務改善は怖いと思っていたけれど、よさを実感できた。

▼これまでは個別で出される提案には二の足を踏んでいたが、こうやっていけばいいいん

だとわかった。

▼乗り越えたことで先生たちの成長を実感した。

実は会議チームのメンバーは、ここまでの一連の試行錯誤の中で「心が折れそうだ」と言っていたこともありました。が、歩みを止めずに模索し続け、このようなうれしい結果を生み出すことができたのでした。

4 プロジェクトの動き――次々と起こる変化

(1) 第2回全校対話「時間予算ワークショップ」(11月)

校内から広くアイデアを募る

11月に入り、第2回校内対話として「時間予算ワークショップ」＊4を実施することにしました。時間予算ワークショップは先生の幸せ研究所のコンテンツで、業務改善と風土改革を目的としています。これまで多くの地域で実施しており、短時間でたくさんのアイデアを出すことができます。

桜丘小学校では5つのプロジェクトの活動がそれぞれ実り始め、そろそろ次の施策を考えたい時期だったので、改めて校内から広くアイデアを募るのに最適な時間予算ワークショップを実施しました（**写真4**）。

当日は、75分間で60個近くのアイデアが出ました。

■写真4　時間予算ワークショップ

【時間予算ワークショップの内容】

＊4　横浜市立学校事務職員の上部充敬さんと共同開発したワークショップです。

●学校のあたりまえを疑ってゼロベースで考え始めることができる思考法（講話）。

●ワークショップでアイデアの発散と収束。

【感想】

▼前回よりさらに大きく変えられそうな意見がたくさん出ていてわくわくしました（ＳＳＰメンバー）。

▼掃除時間についてはみんなが改善したいと思っていることがわかったので早速改善したい（校長先生）。

■写真５　感想や出たアイデアを掲示

第１回のキックオフ全校対話と比べても、前向きな意見やアイデアが増え、この日の感想を貼り出したＳＳＰ掲示板（**写真５**）を見たスクールサポートスタッフの方からは、「すごく楽しいワークショップだったんですね」と言われたほどでした。

アイデアをすぐに実現する

時間予算ワークショップで出てきたアイデアのうち、直後に動き出したのは次のものです。

【食缶の引率まとめ】

給食開始前に各学級の子どもが担任の引率で給食室まで食缶を取りに行っていたのを、複数学級がまとまって取りに行くことにしました。そうすれば大人の引率が1人で済みます。これで担任に毎週20分以上の時間が生まれますし、給食直前の教室を子どもだけにせずに済むので安全面でも有効です。

【その他のアイデア】

他にも、次のようなことを学校全体やできる学年から次々に実施しました。みんなで話したなかで出てきたアイデアなので、「まだ承認されていない」といった遠慮をせずに始めることができました。

●古紙回収を児童の環境委員会で実施。

●職朝の参加を各学年1名に。

●学年合同授業の実施。
●連絡帳をロイロノートに移行。
●教材の共有化。
●ロイロノートで欠席調べ。
●Googleドライブの活用。

同時に、掃除の短縮や回数減、登下校指導についてなど、即決しにくいことは必要な人を巻き込んで検討を始めました。時程は学校裁量ですし、工夫すればまとまった時間を生みますので、どの学校でもぜひ見直してみてほしい部分です。

このワークショップで出たアイデアを見た校長先生は、「誰か一人だけの意見ではなく、こうして複数人から同じようなアイデアが出るのを見ると、必要なことなんだとわかる。そういうものから優先的に実行していこうと思える」とおっしゃっていました。特に掃除に関する削減はすべての学年から希望が出ていましたので、校長先生も後押ししてくださいました。

空気を読み過ぎず、必要な時間投資を

適切な時間投資は、結果的に大きなリターンとなって返ってきます。

これまでに先生の幸せ研究所が関わってきた学校では、第1回目の校内対話では腕組みで怖い顔をしていたり、途中で出ていったりする方がいることもありました。多くの学校では、業務改善に時間を投資するという発想はまだもちにくいようです。日々ぎりぎりの働き方をしている学校は少し先を見る余裕さえないことも多いので、その気持ちもわかります。

桜丘小学校も、第1回キックオフの冒頭はけっして「業務改善大歓迎」という雰囲気ではなく、様子見している先生たちもいらっしゃいました。

しかし、担当者や管理職の本気が伝わったり、何か変化の兆しを少しでも感じたりすることがきっかけとなり、少しずつ同じ方向を見る人が増えていきました。それぞれの組織の事情に応じてそのスピードはさまざまですが、見えやすい部分も見えにくい部分もどちらも変えていくことは可能です。

桜丘小学校の校長先生は、「澤田さんたち外部の人が、『この時期には対話会をしまし

ょう』などとスケジュールを考えてくれたのがよかった。日々の忙しさでつい後回しにしてしまいがちだったが、ペースメーカーとなってくれた」と喜んでくださいました。

「大変なのは重々承知していますが、ここは踏ん張りどころですので、一緒にがんばりましょう」と、内部の大変さを把握しつつも、空気を読み過ぎずに客観的に見て、必要な提案ができるのが外部人材のよさです。

もし、客観的な目をもった外部人材がすべての学校をコーディネートできたら理想的ですが、今のところ現実的ではありません。そうであれば、校内の業務改善担当者や管理職などの旗振り役の人には、ちょっと空気を読まないくらいの勢いでスケジュールを立ててみてほしいと思います。「時間ができたらやろう」では、いつまでも始められません。時間を投資して回収するのです。

プロジェクト型業務改善を経験した学校では、考えたり、行動したりする必要性に気づき、時間投資のよさを知るので、「毎年複数回こういう時間を持つことを仕組み化しよう」という声があがるほどです。

(2) さまざまなアイデアの実現（11月中旬〜）

時間予算ワークショップで弾みがついて以降、さらにいろいろな業務改善が進んでいきました。その中から、いくつか紹介します。

電話受付の時間設定

もともと、校内に留守電設定をできる電話が1台あり、その利用についてこれまでも話題にあがっていたものの、実現していませんでした。それが、校内の業務改善の盛り上がりに後押しされた結果、電話受付の時間を設けることになり、それ以降は留守番電話にすることができました。教務の先生が自分の声で録音してくださいました。

クリーンタイム

ＳＳＰのクリーンチームからの提案で、毎週金曜日に約5分間、全員一斉に職員室をきれいにすることになりました。「探し物の時間こそが無駄でもったいないので減らしたい」というクリーンチームの願いがありました。

クリーンチームは、それまでも「きれいにしましょう」と呼びかけたり、率先して職員室の棚を整理したりしていましたが、どうしても意識していない人たちが散らかしてしまい、探し物の時間が増えがちなことに悩んでいました。そこで、大手企業でも取り入れている、5分間全員一斉に他の業務の手を止めて掃除をするクリーンタイムを紹介したところ、早速まねしてみることになりました。

どうせやるなら楽しんで！ということで、毎週決まった時間に、ノリのいい音楽をかけ、その間は自分のデスク周りや共有物を整理したり掃除したりします。第1回は「かりゆし58」の曲をかけながら行いました。「デスクがきれいだったら小さいお菓子をプレゼント」という遊び心も取り入れ、楽しみながら取り組みが始まりました。

クリーンタイムについて、年度末には先生たちからこんな声が出てきました。

▼本当にピカピカ！　すごい成果があった。

▼綺麗になって物を探す時間が減った気がします！

▼自慢の職員室になったと思います！

時間を宣言してからの提案

ちょっとした提案の前に、「3分で」など時間を予告してから話し始める人が増えました。自ら言った時間は守りたくなるもので、実際にその時間で終わることも増えていきました。

ICTカフェ開催

ICTが得意な先生から気軽にスキルを教えてもらえる簡易な講習会です。カフェと名付け、任意参加で気軽さを押し出しました。業務改善の一連の取り組みにあまり積極的に参加できていなかった先生たちも、タブレットを持って参加していて、それがまたSSPメンバーの励みにもなりました。

余裕やスキルのある人から、周りの人へそれをシェアすることは、スキルアップや時短はもちろんのこと、学校をチームにするうえでも有効ですし、このICTカフェのように、シェアする側の人にとっても貢献を実感できるものであると、取り組み自体が楽しいものになっていきます。

こうしたことが怒涛のように起きた結果、次のような声があがりました。

▼「前とは違う学校みたい」「いろいろ変わってきたね！」と周りの先生方と話しています（推進リーダー）。

▼今年、学校の雰囲気が変わりましたね。すごくよくなったなと思っていましたが、その秘訣はこういうプロジェクトだったんですね（1年ぶりに学校に来た外部サポート人材）。

5 振り返りと来年度に向けて

(1) 来年度に向けて考え始める（12月）

SSPメンバーでの今年度の振り返り

年末が近づき、そろそろ来年度について考え始める時期です。見えやすい部分も見えにくい部分も変化を実感し始めたSSPメンバーは、来年度のことが気になり始めていて、私に相談をくださる方もいました。

そこで、校長先生と推進リーダーの先生と相談し、来年度もよい形で続けられたらということになりました。それを受けて、SSPメンバーたちと来年度の取り組み自体をどうしていきたいかについて話し合ってみたところ、メンバーの総意は次のようなものでした。

▼今年度のように教員の意見を形にできる場が必要であり、来年度は分掌との連携や活動のための時間確保を仕組み化して、学校全体が当事者となるように進めていきたい。

話し合いのなかでは、一連の取り組みを振り返ったのですが、よかったことや続けたいことについて、メンバーの具体的な意見は次のようなものでした。まさに、見えやすい部分と見えにくい部分の両方にアプローチした半年間だったことがうかがえます。

▼学校のことを考えて仕事ができるようになった。自分の成長があった。
▼会議が実際に短くなったし、それが喜ばれた。
▼年度末までにまだやりたいことがあるので進める。
▼学年会ももっと工夫していく。
▼年度末までの3ヵ月でメンバー以外の先生をもっと巻き込んでいく。
▼実際にやってみてわかったことが多かった。
▼学校全体が仲良くなってきた。
▼お互いにフォローしようとする人が増えた。
▼今までと変わることを恐れない雰囲気を持続させていく。
▼いろいろなことがスムーズになってきた。
▼変えていきたい部分を実行することができるシステムを経験できてよかった。
▼自分たちで学校を変えられた。

来年度のSSPへの思い

来年度のＳＳＰはどうあるといいかについては、次のような意見が出ました。

▼取り組み自体を続けたい。
▼全体の意見をうまく取り入れながら進める。
▼ＳＳＰメンバー以外からの「やってくれてありがとう」はうれしいが、それで満足するのではなく「一緒にやろう」という当事者や仲間を増やす。
▼だんだん広げて職員室全体がＳＳＰと言えるようにする。
▼中心で動く人の負担を減らす方法を考える。
▼プロジェクトに取り組む時間を捻出する。
▼今年度やり始めたプロジェクトは当たり前のこととしてスタートを切る。
▼学年から意見を吸い上げてＳＳＰに持ち寄る毎月のサイクルをつくる。
▼学校全体でのキックオフとフィードバックの機会を今年のようにつくる。
▼ＳＳＰで考えて分掌に振っていく。

会の中では、「ＳＳＰの話し合いは全然眠くならないし楽しかった」という声もあがりました。
この日の意見をまとめて私から校長先生に伝え、来年度は、
●今年度並みの活動を公式にする
●活動と時間を保証する
ことが決まりました。

(2) 第3回全校対話「振り返りと今後」(1月)

全校対話での振り返り

3学期、最後の全校対話は丁寧に取り組みを振り返り、来年度について考える場としました。

まず、会の冒頭で来年度の構想を発表しました。
●手あげ式。

●業務改善活動を公式に位置づける。
●業務改善活動の時間をあらかじめ予定に入れる。
これは、校長先生に今年度の様子を伝えながら一緒に考えました。来年度の校内の全体的な体制を考えながら修正する可能性はありますが、学校として今年度の形をベースとしながら、さらに優先度は高く、でも無理のない取り組みとして仕組み化されるという大枠が決まりました。

次に、ＳＳＰメンバーの振り返りと、校長先生やその他教員からのフィードバックです。メンバーからは、
●自分や学校にとってやってよかったこと
●今後の課題
について各プロジェクトから話してもらいました。
そして各プロジェクトメンバーに向けて、校長先生と教職員からのねぎらいとフィードバックがありました。学校に貢献し、大きく成長したメンバーに対して温かい言葉が

送られ、メンバーもほくほくしていましたし、オンラインでありながら温かい空気が流れたのを感じるような時間となりました。

来年度について考える対話

後半は、来年度について考える対話を3～5人に分かれて複数の班で実施しました。

【参加者の感想】

▼みんなで来年のことを話していたら結構盛り上がった。
▼みんなで前向きに取り組めているのがうれしい！
▼今後も期待ができる！
▼振り返りも、次年度への展望も、短い時間だったが楽しくできた。
▼来年度も、みんなで取り組みたいと思った！
▼みんなで知恵を出し合うのが楽しい。
▼今年度の成果の部分を改めて見つめ直すことができた。引き続き全体のアイデアを取り入れたり、全体で振り返ったりなど、学校として考える場を持ち続ける必要がある

と感じた。

急なオンライン実施も可能に

実はこの会は、直前までは学校で一堂に会して開催する予定で話が進んでいました。しかし、実施日直前にまたもコロナの感染拡大で急なオンライン開催となり、1人1台端末で音が混ざらないように各自の教室からZoomに入室しての実施となりました（**写真6**）。

2020年に新型コロナウイルス感染症が日本に上陸した当時は、オンラインでの研修も打ち合わせも門前払いだったことを考えると、この1～2年で時代が大きく進んだことを私はひそかに感慨深く感じていました。

ただ、まだまだオンラインでの双方向の対話を行う会に慣れていらっしゃらない方もいますので、当日は得意な人と苦手な人は隣の教室になるようにするなどの工夫をしていただき、「途切れ

■写真6　Zoomでの全校対話

たら落ち着いて入りなおせば大丈夫」「カメラオン／オフ、マイクオン／オフ操作方法」などの基本的なことを案内してから始めました。

はじめは不安げな表情の先生もいましたが、終わってみれば「Ｚｏｏｍ会議楽しかったです！」という感想も出て、学校のＩＣＴスキルが進んできたことを感じた1日でもありました。

自分たちで変えていくことで回りはじめた「よい循環」

半年間、課題解決型アプローチ（詳しくは２００頁をご参照ください）で進めてきた桜丘小学校。日ごろ感じていたちょっとした働きにくさや非効率を数多く改善することができました。教員から「これをやりたい・変えたい」という声があがり、うまくつなぐ推進リーダーがいて、それを管理職が決断してかなえていくというよい循環が回り始めたことが、最終日の感想からもうかがえます。

まずは目の前の気になることを改善することから始めてみたい、という学校は、ぜひ後に続いてみてください！

3章

「どうせ変わらない」から「本音の話し合いで変わることができる!」へ

――セントヨゼフ学園の実践

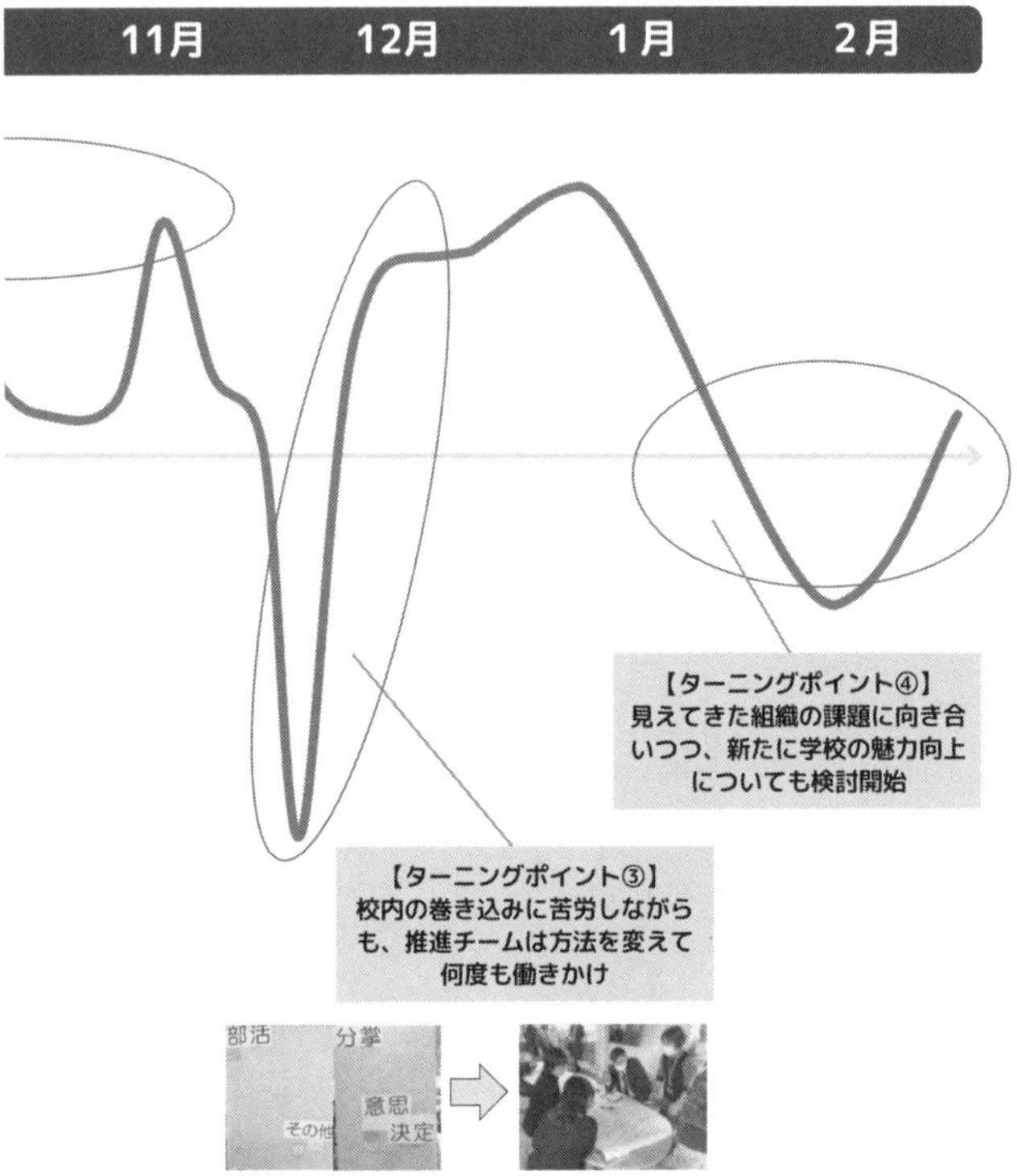
11月
12月
1月
2月
【ターニングポイント④】
見えてきた組織の課題に向き合いつつ、新たに学校の魅力向上についても検討開始
【ターニングポイント③】
校内の巻き込みに苦労しながらも、推進チームは方法を変えて何度も働きかけ
部活
分掌
その他
意思
決定

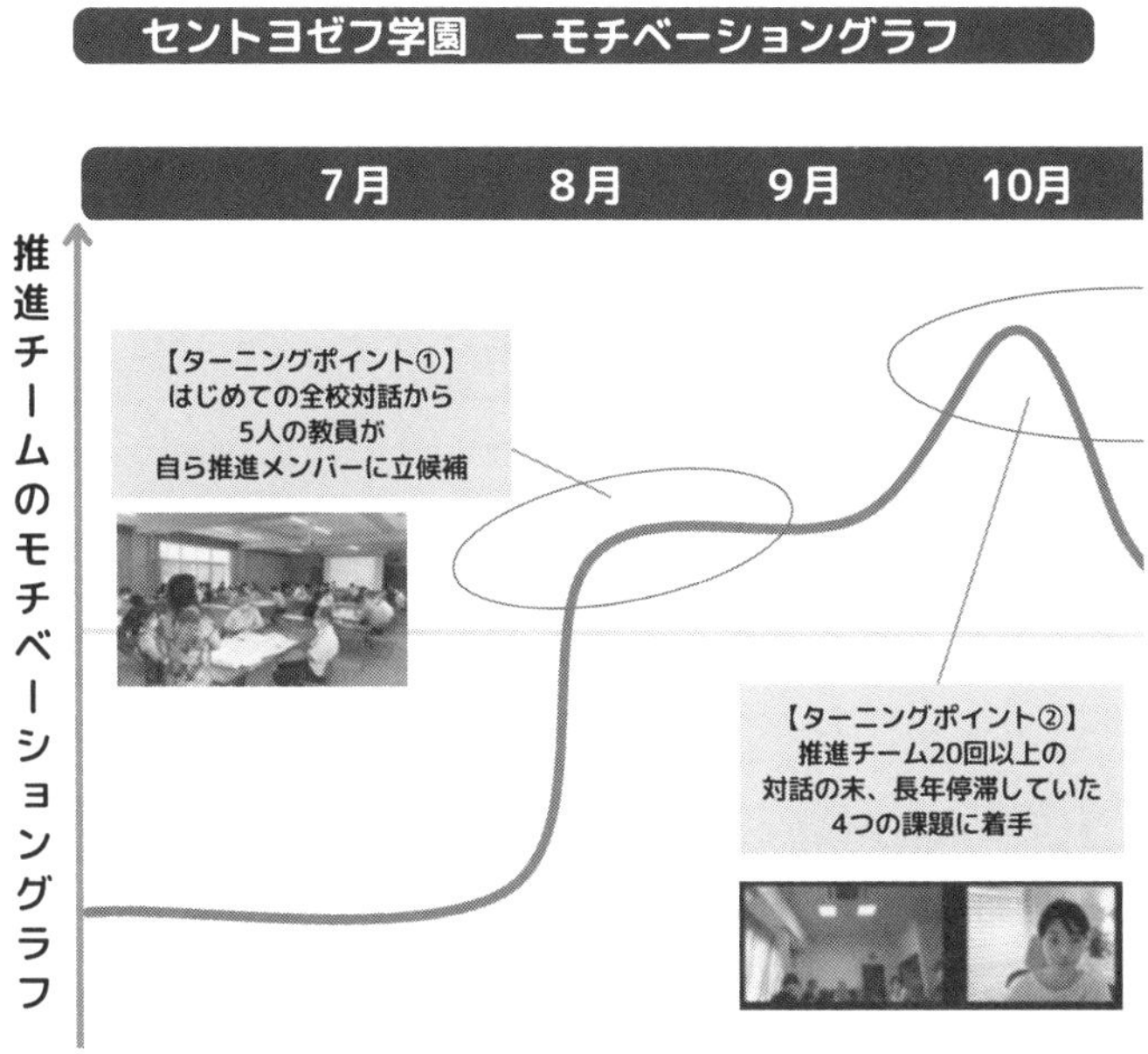
セントヨゼフ学園　－モチベーショングラフ
7月
8月
9月
10月
推進チームのモチベーショングラフ
【ターニングポイント①】
はじめての全校対話から
5人の教員が
自ら推進メンバーに立候補
【ターニングポイント②】
推進チーム20回以上の
対話の末、長年停滞していた
4つの課題に着手

成果	さらなるアクション
分掌の組織をスリム化する ・学年担当と校務担当を分ける方向で検討開始	次年度に向けて引き続き話し合いと意思決定
研究授業・教科会議の質改善 ・授業見学の仕組みをつくりかけている ・教科ごとの自主性UP ・観点別評価への動きがボトムアップでスタート	授業力UPにさらに集中できるようにする ・入試外注検討 ・他教科のノウハウをお互い参考にしながら業務削減
どのように精選していくか方向性が位置づけられた ・校内対話によって多くの人の知恵の入った精選基準ができた ・顧問希望調査実施決定	精選に向けた具体的アクション ・数年後の方向性を年度内に示す ・顧問希望調査実施 ・精選するからこそ質の向上
多様な価値観や人間関係を乗り越えた対話と意思決定ができた ・知恵を出し合うとはどういうことか理解できた ・意思決定の難しさを知ったと同時に乗り越えられる手応えを得た	校内各組織や学校としての意思決定フローの構築 ・意思決定者は衆知を集めて決める ・気軽に聞き合える仕組みと風土

セントヨゼフ学園　ー業務改善テーマと成果

業務改善テーマ	取り組み前の現状	改善内容
①分掌と委員会の見直し	裁量権や役割が不明瞭 ・分掌・委員会等が複数立ち上がっている	分掌と委員会を整理する
②教科会議の本質	教科会議が入試作成会議になっている ・教科指導について話せず授業力UPになっていない	教科会議を授業力・学力UPのための時間にしていく ・校内対話で少しずつ意識を揃えて行動を変える
③部活動精選	たびたび話題になるが数年間進捗なし ・精選の基準が不明瞭 ・希望していない部でも顧問になるため精神的負担大	部活動の精選に向けた判断基準の構築 ・校内対話で知恵出し ・行事部活検討委員会とプロジェクトをつなぐ
④意思決定フローの模索	意思決定フローが不明瞭 ・決定事項でも個人的にかけ合えば覆せる ・決定事項が尊重されない	①②③を通じて難易度が高いテーマの意思決定フローの試行 ・知恵を出し合って納得解をつくるとはどういうことなのかを体験

1 当初の現状

セントヨゼフ女子学園高等学校・中学校は、数年前に私の講演を聞いていただいたご縁でつながりがありました。コンサルティング開始前に、校長先生からは「教職員が可能性を発揮できる組織にしたい」という想いをうかがいました。私も同じことを日頃からよく考えていましたので、とても共感しながら支援を開始することとなりました。

教職員の思い――「このままでいいとは思っていないが、きっと変わらない」

夏休み前、まずは何人かの教職員から階層別グループヒアリングで話を聞いていきました。学校の現状と課題や、変えるべきことと変えるべきでないこと等を聞いていくと、さまざまな本音を聞かせてもらうことができました。

非効率などの見えやすい部分に関することと以上に、組織風土や人間関係など見えにくい部分に関する課題についてもさまざまな本音が出てきました。

【教職員からの主な意見】

▼仲が悪いわけではないが、価値観や困り感を共有できる人がいない。

▼世代間やこれまでの経験による「わかり合えなさ」があり、考え方の違う人がいるため、まとまることはできないと思う。でも、それらを話して確かめたことはほぼない。

▼「セントヨゼフらしさ」についてこれまで幾度となく話し合ってきたが、いまだに曖昧で指導の際に困ることがある。

▼セントヨゼフという学校が好きではあるけれど、よくない部分については目をつぶるしかない。

「本音がうまく出せない」「人間関係の滞りが業務上の意思決定によくない影響を与えている」状態です。表立った対立はないのですが、がっちりかみ合っておらず、すれ違っていました。

話してくれた先生たちにおおむね共通していたのは、「このままでいいとは思っていない」ということでした。そして、このままでいいとは思っていないが、「きっと変わらないだろう」という人と、「どうにかしたいし期待している」という人が混在していて、これまで先生の幸せ研究所が支援してきた学校と比べて、期待していない様子の人が多いようでした。

他方で、他の学校ではあまり見かけない珍しい声としては、「校内のさまざまな意見を調整することが大変そうな校長先生を支えたい」「昔のように、もっと校長先生の笑顔が見たい」と、校長先生を心から思いやる声があったことでした。

管理職の思い――質の高い意思決定ができる組織への転換

次に校長先生と教頭先生と、今後について一緒に考えました。

教職員ヒアリングで出てきた「本音がうまく出せない」「人間関係の滞りが業務上の意思決定によくない影響を与えている」という課題について、改めてコンサルタントから提示されると、校長先生も教頭先生も思い当たることが多くあったとのことです。

「今のセントヨゼフ学園は、肝心なことを話し合えていないため、教職員の力がうまく活かしきれていない組織であるといえるのでは」ということが言語化されていきました。

また、校長先生は意思決定について頭を悩ませることも多く、教職員ヒアリングでも意思決定フローや提案の質の課題が話題にあがっていました。

●知恵を出し合って質の高い意思決定ができる組織になること

●話をしないわけでも、特別に仲が悪いわけでもないものの、率直な本音は言いにくい組織から、違った価値観や正直な本音を言っても大丈夫だと思える組織への転換

といったことが今のセントヨゼフ学園に必要なことであり、それを「対話」を通して耕し根付かせていくことが管理職２名の願いでした。

ヒアリング結果と照らし合わせても、ここを置き去りにして目に見える変化だけを拙速に求めると、「わかってもらえなかった」という不満がさらにたまって逆効果になるだろうということも予想されました。

こうして「業務改善を通して、主体的・対話的・協働的な職員室を目指す」という方向性が決まりました。

2　プロジェクトが動き出すまで

(1)　第1回全校対話「キックオフ」(8月)

あきらめ感が上回る厳しいスタート

ヒアリングで課題の構造が見え、目指すべきは「業務改善を通して、主体的・対話的・協働的な職員室」となり、校内全教職員が集まるキックオフを開催することになりました。業務改善について学校をあげて考えるスタートの会です。８月初旬、全校教職員約40名が一堂に会しました(**写真1**)。

校内には、このままで満足してはいないけれど「どうせ無理」というあきらめ感と、「変われるかも」という期待

■写真１　キックオフ全校対話

感が混在していることは承知していましたが、全体としてはあきらめ感のほうが上回っている雰囲気だということが、この日の様子からわかりました。厳しいスタートです。そんななかで、現状確認やアイデア出しをしていきました。

この日の参加者の感想は、やはりあきらめと期待が混在していましたし、あきらめについてはかなり根強いものもありました。

【参加者の感想】

▼解のない問題を解こうとしているようだ。

▼素直に心が動く方向にいくという話し合いが新鮮だった。

▼今回のような話し合いはこれまで何度もやってきたけれど変化はなかったから、今回も期待していいのかわからない。

1割強の手があがる

キックオフの全校対話は、この後の取り組みにとって重要です。ここで期待が高まれば、校内から推進メンバーに手をあげる人が大勢現れます。私の経験では、業務改善を始める前で、アレルギーがないプレーンな状態の組織だと1割の手があがります。キックオフの盛り上がりに比例して、あがる手は増えます。

今回のセントヨゼフ学園では、40名中5名の手があがりました。1割強ですので、逆風であることを考えれば、まずまずだといえます。

(2) 推進チームキックオフ(9月)

まずは推進チームでの対話を重ねるところから

キックオフ全校対話で手があがり、推進メンバーとなったのは教頭先生を入れて5名。女性3名、男性2名でした。ここからは、この5名が中心となって、業務改善を具体的な形にするための知恵を出していきます。

9月上旬、推進メンバーと私たちコンサルタントが集まり、推進チームキックオフとして第1回の話し合いをしました(**写真2**)。

推進チームキックオフの内容

●立候補した動機の共有。
●今後の業務改善に必要なことを決める。

立候補した動機を5名で共有したところ、
▼文句を言っているだけではなく、行動してみたいと思った
▼ここで変わらないといけないと思った
などでした。同じようなことを思っている人が校内にいることがわかり、5名の間には一体感が生まれたようでした。

そして、全校キックオフを振り返って学校の課題について話していくうちに、「このメンバーで、もっと深く話し合う必要がある」ということに、お互いが気づいていきました。

■写真2　推進チームキックオフ

2章で紹介した桜丘小学校のように各プロジェクトテーマが初日に決まり、すぐに効果の出やすいアクションに取りかかるという学校もあれば、セントヨゼフ学園のように、「まずはもっと話し合って、ありたい姿や本質に迫りたい」という流れになる場合もあります。前者は課題解決型アプローチで、後者は目標達成型アプローチです（詳しくは200頁をご参照ください）。

本質的な問いに応える

推進チームの話し合いのなかで、長年ずっと話し合い続けているようで、実は向き合わずに後回しにしにしてきた「セントヨゼフとは何なのか」「セントヨゼフらしさとは」といった本質的な問いに応えるような取り組みにするべきなのでは……という推進メンバーの気づきがありました。

全校キックオフで出た課題やアイデアのパーツは、それぞれが別々のもののようだけれど、俯瞰して見てみると、教職員の関係性や組織のあり方の課題だと言えるのではという声があがりました。

これは、事前に管理職と話していた、この事業で「業務改善を通じて、主体的・対話的・協働的な職員集団を目指していきたい」いう方向性とまさに一致していました。

そして、さまざまに話し合うなかで、

▼どの問題にも共通しているのは「リスペクト」がいつも足りないことなのではないか

▼1代前の教員世代や卒業生世代のセントヨゼフに集う人たちが大切にしていた、お互いへのリスペクトや相手を大切に対等にするということが、失われているのではないか

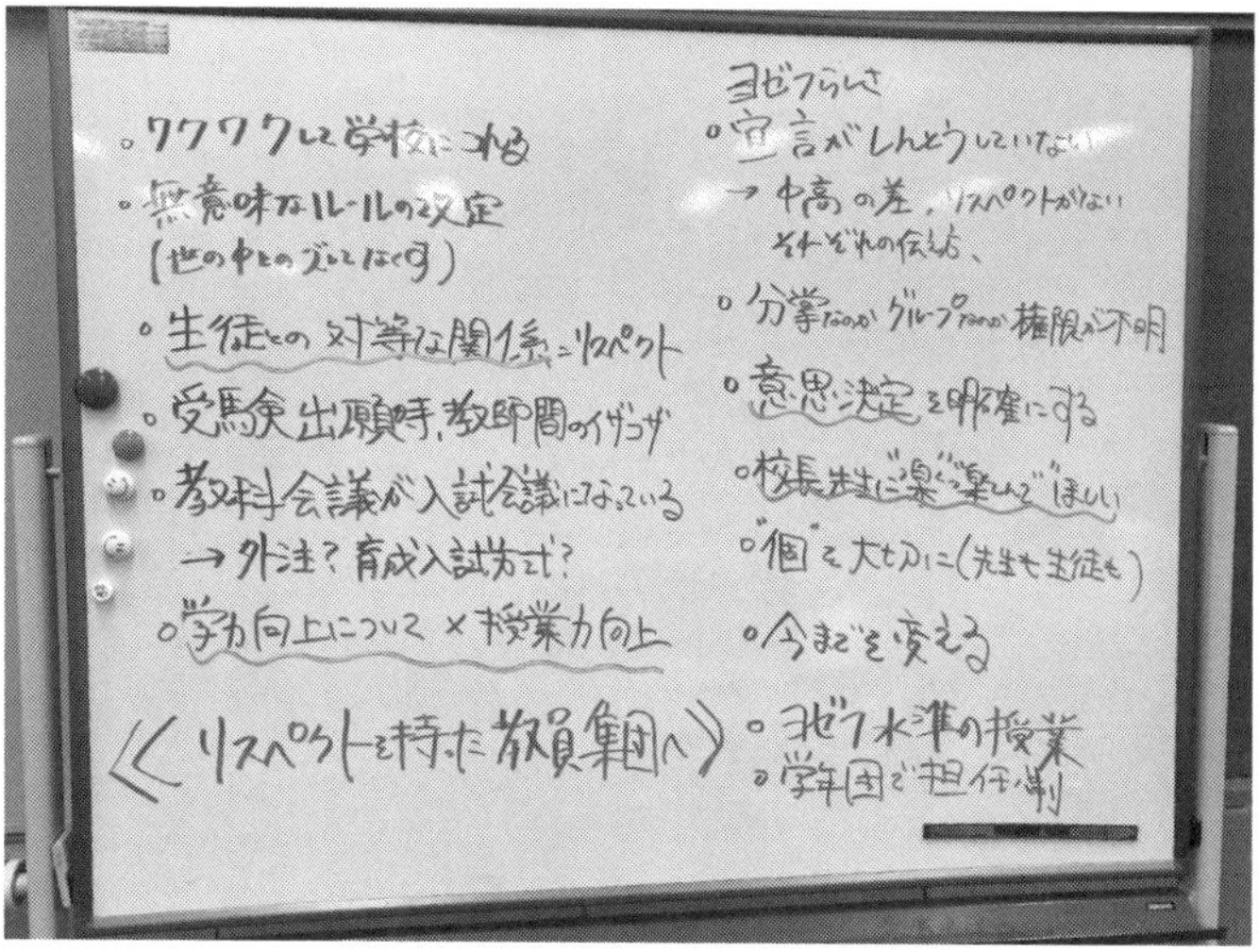

■写真3　推進チームで出された意見

というように、この後もずっと大切なキーワードとなる「リスペクト」が見出されました（**写真3**）。

【推進メンバーの感想】

▼それぞれ表現の仕方は異なるけれど、同じような観点をもって、問題視していることが共有できた。話し合いをもっと重ねていけば、改革したい幹が見えてくるように思う。

▼簡単に口から出てきてしまうけれど、実体のわからない「セントヨゼフらしさ」については、言語化できるくらい具体的に考えていくべきだと感じた。

▼「学校の中で変えたいことは」と言われて困った。この学校の課題はポイントをしぼることができず、全体・すべてにつながっていると思うからだ。周りのメンバーの人たちは、自分なりの問題意識を具体的にもって、日々業務にあたっていると思うとしんどいだろうと感じた。今を守るより変わるほうが簡単だ。どこまで今までを変えずに変われるか。

▼共通理解が必要。思いを語る時間があれば理解できるし、理解される気がする。

▼「リスペクト」、言うのは簡単、実行が困難。でも、何か動き出したい気分はある。動き出そう！

▼やりたいことが見えかけた気がするが、壁も感じた。明るく乗り越える方法をみんなと考えていきたい。

▼普段の職員会議などではここまで深い意見（しかも割とざっくばらんな）が出ることがほとんどないので、変な表現ですが気持ちよかったです。

▼私自身は割と怒りのスイッチがなく矛盾に対して鈍感なタイプなので、先生方のご意見を聞いて、素直にすごい……！と思いました。

▼忙しいなかでもこのチームに入ろうと考える方々なので互いに似ているところはあるのかなと思います。だからこそ、自分たちが正しいと考えて会議を進めていくのではなく、自分たち以外の人たちはどう考えるか？という視点を常にもっていたいと思いました。

3 プロジェクトの動き――チームビルディング

(1) 1ヵ月で6回もの推進メンバーでの対話（9月）

推進メンバー内での課題意識の共有と熱量の高まり

9月に6回、推進メンバーが主体的に集まって熱心に話し合いました。週に1〜2回のペースです。毎回全員とはいきませんでしたが、それぞれの授業の空き時間を合わせて、オンラインとオフラインを駆使して集まり、どんどん本質的な話を深めていったのです。

私もできるだけ参加しようとしましたが、すべてに参加するのが難しいほどでした。時間を合わせて集まるとき以外にも、立ち話でちょこちょことメンバー間で話す場面も増えていきました。これは、それまでにはなかった動きで、まずはこの5名が課題意識を共有し始め、熱量が高まっていったことの現れです。

話が深まっていく様子を紹介するために、メンバーの発言を拾ってみます。

ありたい姿「セントヨゼフらしさ」について

【現状について】

▼「若いから」、「卒業生教員だから」とカテゴライズして、「だからこうに違いない」「こうして当然」とひとくくりにしていないだろうか。

▼教員それぞれの強みを活かせていないのではないか。

▼自分たちは生徒を本当に尊重できているだろうか。

▼伝統や「セントヨゼフらしさ」が形だけになっていないだろうか。

↓

【さらに深堀り】

▼今の状態は「セントヨゼフらしい」と言えないのではないか。

▼「セントヨゼフらしさ」と誰もがよく言うけれど、いったい何なのか言語化できてい

ない。建学の精神「愛と奉仕の精神」、スクールモットー「世の光、地の塩」は知っているし、決して悪い学校ではないのだけれど。

▼卒業生教員である自分には、言語化できていなくても感覚でわかっているもので、言語化は難しいと思っていた。でもそれでいいのだろうか。

▼たとえばこんな場面（※職員室や教室でのエピソードをたくさん洗い出しました）で今、ひずみが出ているが、本来の「セントヨゼフらしさ」をもった教員としてはどんな言動がいいのだろうか。

↓

【さまざまな場面を思い起こして、いろんな言葉を当てはめて、「セントヨゼフらしさ」を言語化しようとするなかで大切なことが見えてきた】

▼「セントヨゼフらしさ」はつまり「リスペクト」と「本物」という言葉に集約できるのではないか。教員間、教員と生徒、校長と教員間にリスペクトがあれば、そして本物（真理や本質）を見つける意識があれば、ほとんどの課題やモヤモヤは解決できる気がする。

▼今、相手にリスペクトをもたない振る舞いが増えていること、自分の頭で考えるという本物でいる意識のなさが根っこの課題なのでは。

↓

【幹が見えてきた】

▼「リスペクト」や「本物」がセントヨゼフの大切にする価値観であるなら、分掌のあの場面でも、意思決定のあの場面でも、生徒指導のあの場面でも、価値観に基づいた一貫した言動ができるのでは。

▼感覚的なものだからできないと思っていた「言語化」ができてきた。

▼私たちはこのことについてたくさん話し合ってきたので「リスペクト」や「本物」という言葉でその意味するところが通じるが、他の人にはどうだろう。

▼具体的な場面ごとにずっと追及し続けていくべきものなのではないか　など。

こういった会話を、行きつ戻りつ重ねていったのです。

目指すべきものを言語化する

各学校には、学校教育目標や建学の精神、またはそれに準ずるものが必ずありますが、それを教職員が日々意識しているかというと、実際はそうでもありません。日々の大小さまざまな判断の際に、「うちの学校が目指すものはこれだ」ということが腑に落ちている場合と、そうではなく各教職員の個人の価値観だけで判断する場合とでは、組織としての思考も行動も質が変わってきます。

個人がその場その場で判断する際に、組織が目指すべきものや大切にする価値観を、単に言葉として知っているだけなのか、自らに内在的なものとしているかどうかで、選択も言動も、またそこににじみ出てくるものも変わってきます。後者であれば、個人の自律的な選択が組織と整合性を取れるようになっていきます。

セントヨゼフ学園で推進メンバーが行ったように、抽象度を高めてみたり、具体的なシーンに照らして考えてみたりするなかで、目指すべきものが徐々に各個人に浸透していきます。そして、その経験があれば、実務上1人で判断する場面においても、自らに内在する価値観として選択できるようになり、判断や選択がより質の高いものになります。

セントヨゼフ学園では、建学の精神である「愛と奉仕の精神」や、スクールモットーである「世の光、地の塩」がよりどころであることについて、推進メンバーからの違和感はありませんでした。ただ、それが「セントヨゼフらしさ」だと言っても、それらを体現している教員や教育とはどのようなものなのかという、具体的な言動を選択する基準が言語化されておらず、十分に一人一人に内面化していませんでした。

そのため、新しい何かを大きく打ち出すというよりは、今もあるはずの「セントヨゼフらしさ」をしっかり取り戻すために言語化する必要がありました。そこで「リスペクト」「本物」という言葉にまとまっていったのですが、このとき推進メンバーから出た「学校を改革して1階建てを100階建てにつくりかえる作業をするものかと思っていたが、そうではなく身の丈に合った居心地のいい2階建てをつくることが重要なのかもしれない」という発言は、まさにこのことを言い当てています。

そしてそれらは、校長先生がおっしゃっていた「主体的・対話的・協働的な職員室」の姿を実現する際の共通イメージであり、行動規範そのものでもありました。

話し合うことで本物のチームになる

また、こうした話し合い自体が推進メンバー間の「リスペクト」を育み、「本物」のチームにしていきました。話し合うなかで、推進メンバーの考え方や行動の背景にある考えや理由を知ることにもなりました。推進メンバー同士がお互いに、

▼以前から不思議だったけど、○○さんの言動の意味がわかった！　納得した！
▼考えていることがわかった！
▼話さなければわからなかった！

などの声があがりました。

これまでも何度も「セントヨゼフらしさ」について話し合ってきたという声は、事前ヒアリングや全校キックオフでもあがっていたので、同じことの繰り返しになっていないかと私は少し心配していたのですが、メンバーからはこんな感想が出てきました。

▼話のスピード感に驚いた。
▼こういう話自体が画期的。
▼自分自身がＶＵＣＡに対応できていないことを自覚した。

これまでとは違い、自分事として真剣に「セントヨゼフらしさ」について考えること自体が刺激的で、新しい体験だったようです。

ただ、だからこそ、「推進メンバーの熱量は高まったが校内の巻き込みに不安」という声もあがり始めました。自分たち推進メンバーとここに参加していない教員たちとの視座が合わなくなっているのではと、心配にもなり始めていたのでした。

(2) プロジェクトテーマの決定（9月下旬）

改善・改革テーマが4つに決まる

「セントヨゼフらしさ」とは「リスペクトをもつこと」「本物を選ぶこと」と言語化できてきた9月下旬からは、具体的な改善・改革テーマを固めて、実行に移していくこととなりました。

全校キックオフで出ていた話題と、自分たちの課題意識とを統合すると、次の４つのプロジェクトに集約されました。

①分掌と委員会の見直し
②教科会議の本質
③部活動精選
④意思決定フローの模索

4つとも大きなテーマであり、学校運営にかかわったり、多くの人が関係したりするため、比較的改革の難易度が高いものです。

推進チームはどこまでできるのか、参考案を考える程度なのか、それとも各分掌や役職者と同様に意思決定をすることまで可能なのかなどによって、動き方は変わってきます。

そこで、推進メンバーにはどの程度の権限があり、何を期待されているのかを校長先生に改めて確認しようということになりました。

推進メンバーに裁量が与えられた！

推進メンバーが確認すると、校長先生は「推進メンバーに意思決定を任せます」とおっしゃってくださり、職員会議でも全教職員にそのことが周知されることになりました。権限移譲という校長先生の思い切った決断に、推進メンバーも身が引き締まる思いと期待される喜びを感じていました。

職員会議では、推進メンバーから改めて次のような挨拶をしました。

今回のこの動きは、「業務改善」がテーマです。

夏の全校キックオフ後、5人で集まって、全校キックオフで話し合いをしてもらった内容を集約し、まとめました。

その中で、大きく4つのテーマに分かれると考えて、それぞれについて主体的・対話的・協働的な進め方で動いていきたいと考えています。

その4つとは、部活・教科・分掌・意思決定です。

今回、私たちが絞った4つのテーマの枠の中で、先生方と共に、自分たちの手で、自分たちのための仕事の改革を進めていきたいと思っています。

この10年、さまざまな研修や業務改善の動きをするなかで、どうしてもぬぐえなかったのが「管理職が進めてくれる」という感覚があったということ。しかし、今回の動きは違います。

校長先生は、「業務改善に関わるこの4つのテーマのことに関して、意思決定を任せる」と言ってくださいました。われわれが何もしなければ何も変わりませんが、動いた分だけ職場は変化します。今回のこのプロジェクトに乗って、ウチに秘めた思いを出してほしい、やりたいことをひとつでも実現してほしい、言ったことや考えたことが実現される体験をしてほしい。

話し合うなかで、このプロジェクトを貫くテーマが必要というところにたどり着きました。そこで、「セントヨゼフらしさとは何か」を話し合いました。実際、夏から今まで報告に時間がかかったのも、この答えを見つけようと話し合いを続けてきたからです。

そこで、キーワードとして出てきたのが「本物」という言葉です。今までいろいろと言われてきた「セントヨゼフらしさ」を新しい視点で見直した言葉が「本物」というキーワードです。

（以下略）

職員会議終了後、推進メンバーからはこんな声があがりました。

▼うれしさと責任を感じる。

▼ますます真剣にやりたい。

リーダーシップや校長のあり方にもさまざまありますが、こうした権限移譲は、組織の構成員が育ち、意思決定のスピードと質を上げる「自律分散型リーダーシップ」と言います。まさにセントヨゼフ学園では、校長先生が推進メンバーを「信じて任せる」ことで、メンバーは学校を真剣に考える当事者となっていきました。

学校の魅力化

推進メンバーの話し合いのなかで、学校が魅力的になることや、入試や生徒募集などの対外的な発信や経営的なことも考える必要があるという話題になったことがありました。業務改善と学校経営は別物ではなく地続きのものなのだと、「セントヨゼフらしさ」を中心に考えてみることで気づいていったのです。

そこで、学校の魅力化や経営改革と業務改善が地続きだという推進メンバーの気づきを管理職である校長先生とも共有・相談して、次のような戦略を立てました。

●これまでの方針どおり、まずは推進メンバーの考えた「セントヨゼフらしさ」を大切にした業務改善を、対話を大切にしたプロジェクト型で進めることにより、組織風土改革も進める。

●それにより、「人間関係を超えた対話」ができる職員集団を目指す。

●そのうえで、より広い意味・高い視点で今後の学校について（学校の魅力化に関わるようなこと）も教職員の良質な意見を活かしながら意思決定できる職員集団・学校組織にする。

提供価値の向上（魅力向上）	なし	・セントヨゼフらしさの模索 ・セントヨゼフの魅力を発信	…
業務改善（余白づくり）	・部活動の精選 ・分掌の大胆な組み換え ・教科会の在り方検討 ・意思決定フローの模索	（継続改善）	…
	R3年度	R4年度	…

図表1　二段構えの戦略

すなわち、まずは業務改善を通して組織風土改革を。その後、学校の魅力化と経営についても教職員の知恵を生かした改革をという二段構えの戦略を立てました（**図表1**）。

(3) 校内を巻き込むための作戦（11月）

他の教職員からのイマイチな反応

校長先生から「任せる」と言っていただき、推進メンバーから全教職員向けに思いを込めて働きかけた職員会議。次は、いざ行動！なのですが、推進メンバーには不安が広がっていました。

▼ほかの教職員は関心をもつだろうか。
▼みんなが何を考えているのか、わからない。

異動のない私立学校特有の長年の人間関係の固定化や、これまでの意思決定パターンの固定化により、推進メンバーのほぼ全員が不安を口にしていました。

その不安はほどなくして当たりました。

職員会議後、意見を集めるために職員室の壁に模造紙を貼り、４つのテーマそれぞれについて書き込みを募集していたのですが、数日経ってもほとんど誰も書き込んでいなかったのです（**写真４**）。推進メンバーはそれに大きなショックを受けていました。

「自分たちは熱意をもっているのに、他の教職員の意識とはギャップがある……」

推進メンバーで集まったときには、みんながっかりした様子でした。

▼学校のことを考えている人は本当にいないのだろうか
（ほとんどいないんだろうか）。

▼全校キックオフで出た全員の意見を活かして考え、学校のためを思って取り組んでいるのに、むしろ疎まれているのではないか。

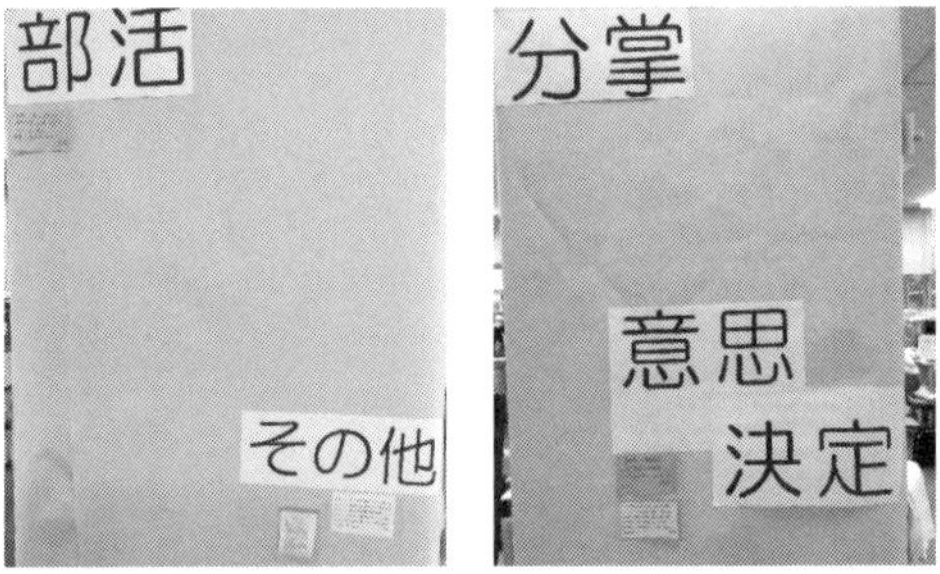

■写真４　教職員からの意見が思ったほど集まらなかった模造紙

▼職員会議という正式な場で呼びかけたのに、こんなに反応がないなんて。
などなどひとしきり嘆いて、がっかり感を吐き出しました。

確かに、期待していた反応が得られなかったことは残念でしたが、私は、この5名は、このままあきらめて解散するようなやわなメンバーではないはずだと思いました。この1ヵ月で、これまででは考えられないほどの密度で顔を合わせ、「こういう話ができること自体が画期的！」と言い、自主的に集まっていた5名の推進メンバーの中に灯った火は、簡単に消えるものではないはずです。

そこで私は、「この5名の役目はこれから旗を振っていくことであり、この取り組みは今からがスタートなのでは」と、少し厳しいことを伝えました。たった1回校内に呼びかけて、反応が思ったよりも悪かったというだけで、嘆いてあきらめる推進メンバーではないはずです。

前向きなアイデアを出し合う

すると、

▼よく考えてみれば、自分たちは1ヵ月間、この話題を5名で率直に話し合い続けて、しかも校長先生から権限も渡されてどんどん情熱が高まっていたけれど、他の教職員は全校キックオフ以来かなり時間が空いていて、職員会議で突然状況を知らされたに等しい状態。

▼4つのテーマについて意見をくださいと言われても具体的によくわからなくて戸惑っているのかも。

という声があがりました。

▼自分たちが他の誰よりも行動する姿を見せていかないといけないんじゃないか。

▼少ないけれど反応してくれた教員もいる。本当にありがたい。

▼急には変わらなくてもあきらめずに、ここから始めていこう。

そんなふうに前を向きなおし、できることをやっていこうとアイデアを出し合い始めました。そして、

▼付箋に書きにくい人もいるかもしれないから、呼び止めて話しかけてみる。

▼○○先生は前に関心がありそうだったから、まず聞いてみることにする。

▼聞いた意見はその場で「付箋に書いて」と促してみよう。

など、前向きな打ち手が決まっていきました。

第2回校内対話の実施を提案

さらにカンフル剤として、第2回校内対話をすることを提案しました。さくっと集まってわいわい言い合う方法なら効率的で、弾みもつきます。

推進メンバーは、

▼関心がある人がどれだけいるだろうか……。

▼またがっかりすることになるのでは……。

▼忙しいなかで悪い……。

と不安も口にしていましたが、たとえ人数が少なくても、来た人から意見をもらえれば推進メンバーのアクションにつながるはずですし、来た人たちには推進メンバーの動きを知ってもらうことができます。今の停滞した状況を打破するには、推進メンバーとそれ以外の人を混ぜることが有効です。それで前に進むことはあっても、少なくとも後退

成長レベル	推進メンバー
4	・教職員以外にも必要な人物を巻き込んでいる ・学校作りに参画している実感がある
3	・メンバー達が中心となり、校内で多くの教職員が希望をもって組織的・探究的に改革を進めている ・メンバー以外の主体的な人物が複数人生まれている ・目指すべきものに向かって試行錯誤を繰り返すことが当たり前になってきて、「対立するかもしれない意見」など、言いにくかったことも建設的な話し合いのテーブルに上げられるようになっている
2	・メンバー同士は対話と理解が深まっているが、その他の関係者全員も含めて考え話し合うことが最優先とは気付いていない ・校内を巻きこみたくても様々な懸念が浮かび、聞きやすい人から意見をもらうにとどまっている ・自分の仕事に直接関係のない他の教職員の仕事への関心が高くなってきている
1	・変化のサイクルを回し始めている ・無難なテーマを選び、「そもそも」を問い直すこともない ・メンバー同士の相互理解が始まりつつあるが不十分である
0	・今あるリソースを活かすことや自ら課題解決することに目が向かず、話し合いは愚痴に終始する

図表2　推進メンバーの成長レベル

することはないと思っていました。

プロジェクト発足当初0・5だった推進メンバーの成長レベルは、今は1~2になりました（**図表2**）。推進メンバー以外の関係者と話してみることで見えてくるものがある、という体験を積んでいくべき時でした。

たとえ誰も来なくても、それはそれで「教職員にとって優先度が低い、もしくは取り組みに反対している」など、これまで推進メンバーにも私にも、見えそうで見えなかった現状がわかるので、次の打ち手が見つかる機会にすることができます。

とはいえ、参加する側も呼びかける側も、気持ちも時間も無理なく実施できるように、

●任意参加
●当日ドタ参加ＯＫ
●途中抜けＯＫ
●1時間だけで実施

として、気軽に来られるようにしました。このくらいの軽いテイストの呼びかけなら、呼ぶほうは「みんな忙しいのに悪いな」という気持ちをもたずに済みますし、呼ばれるほうも気楽で、行かねばというプレッシャーを感じることも、やらされ感をもつことも防げます。

各プロジェクトの改善案を3つずつ考える

事前準備として、各テーマについてこれまで集めた校内の意見や推進メンバーの意向を活かし、「リスペクト」や「本物」といった大切にしたい価値観と照らし合わせた改革案3案を、各メンバーが用意しました。

分掌と委員会の見直し

案Ａ：分掌と委員会を整理して必要なものを残す

案Ｂ：分掌担当と学年担当に分けて再構築

案Ｃ：現状どおり

教科会議の本質

ほとんどの教科会議が入試会議になってしまっている。本来教科会議とは、本校の生徒の学力ＵＰのために教科指導について話し合う場ではないか？

教科会議はどうあるべきか？（メインは何か？）

案Ａ：入学者を選抜するための入試作成

案Ｂ：授業力ＵＰ・学力ＵＰのための研究

案Ｃ：その時の必要に応じて動く

部活動精選

案A：5人以下は廃部（生徒手帳に記載あり）
案B：指導できる先生や顧問を希望する先生がいなければ廃部・統合する
案C：日頃の活動の様子、大会や行事への参加状況などの実績を見て、生徒のためになっていないと判断されたら廃部

3案のどれがいいかということではなく、これらはあくまでも話の素材であり、とっかかりです。3案を「できる・できない」「よい・悪い」とジャッジするのではなく、それぞれのメリットやデメリットを考えたり、目指すべきものと照らし合わせてみたりすると、どうするべきかが見えてきます。つまり、さまざまな角度から考えてみる機会にするのです。

いちばん理想的なのは、そうして多面的に考えてみるなかで、より上質な第4案が出てくることです。この第4案のことを、「納得解」や「妥協ではない解決策」と言います。

(4) 第2回校内対話の実施

校内対話に20名もの教職員が参加

当日は、各ブースに各メンバーが出した3案を提示しました。

参加者には、

- それぞれの案のメリット／デメリット
- 目指すべきもの「本物」「リスペクト」を大切にし、ストレートに向かっているか

という視点で考えてもらいました。

推進メンバーは、校内対話が始まるまで不安だったようですが、ふたを開けてみたら、なんと20名もの教職員が参加（**写真5**）！ 都合がつかなかったけれど行きたかったという声も複数届いていました。推進メンバーは安心と驚きを感じていました。

各テーマのブースに人が集まり、たった1時間で多くのアイデア・本音・疑問等を集

■写真5　第2回校内対話

めることができました。

【推進メンバーの感想】

▼こんなにたくさんの人が来てくれた。

▼変えたい人はたくさんいるが、案外大きな変化は望まれていないことがわかった。小さな改善から始めたほうがよさそうだ。

▼教科や指導の改革が働き方改革になると理解されていないことがわかった。

▼これまで推進メンバーでやっていたことの拡大版になった。今日来てくれた人たちとまた集まることにした。まどろっこしいけれど、「みんなで行ける」と思った。

▼新しい風が吹き、これまで思いつかなかったアイデアもたくさん出てきて、充実感があります。やはり、チームの力は大きいですね。これからこのあふれるアイデアをどうまとめていくのか、ドキドキしています。

▼正直、もっと参加される先生方が少ないかな？ネガティブな意見が出るかな？と思っていたのですが、議論が白熱していて嬉しかったです。でも、まとめるのが難しいぞ

……とも思いました。

「意思決定フロー」は体験して体得

ところで、元のプロジェクトのテーマは４つでしたが、校内対話の事前準備のなかで、今回は３つのテーマについて扱うということに決まりました。

つまり４つのテーマ「部活動」「校務分掌」「教科指導の在り方」「意思決定フロー」のうち、「意思決定フロー」は今回のトピックとしては扱わないことにしたのです。

そもそも、今の意思決定フローの課題は次のようなものでした。

【課題】

- 「決める」ことを人任せにしがち、決定者が不明確。
- 人任せなのに、決定事項に文句を言う人が多い。
- 納得しにくい決定が多いのも事実。
- 職員会議で承認され正式決定したはずなのに、後日、管理職に直接個人的にかけ合いに行った人の意見で覆されることがある。

●そのことへの不満。

そこで、メンバーは意思決定フローについて、これまでの話し合いのなかで次のような方向性といくつかの具体案を考えていました。

●決定責任者や機関を明確にし、その決定は尊重する。

●ただし、責任者がより良質な決定を導き出せるような決め方を見つけたい。

これらは、「衆知を集めて一人で決める」という決め方です（図表3）。必要な情報を集めて多面的に考え、一人の責任者が、よりよい解を、責任をもって考えつくして決めるのです。決定者は分掌チーフだったり、小分掌の担当者だったり、より大きなことは校長や理事会だったりなど、決定事項によってさまざまに使い分けます（参考：スコラ・コンサルトである柴田昌治さん著『日本的「勤勉」のワナ――まじめに働いてもなぜ報われないのか』朝日新書、２０２２年）。

ちょうど、推進メンバーが担当プロジェクトに責任をもちながらも、推進メンバー同士で知恵を出し合った方法がこれにあたります。

　これまで推進メンバーはこの決め方を推進メンバー内で体験していたので、そのよさを経験しています。が、それ以外の教職員にとっては体験がないため、説明されてもピンとこない可能性があります。

　そこで、意思決定フローについては机上で説明したり提案したりするのではなく、今回の会自体を体験の場にすることにしました。この決め方自体が、各個人の意識、ひいては組織風土を変えることになり、良

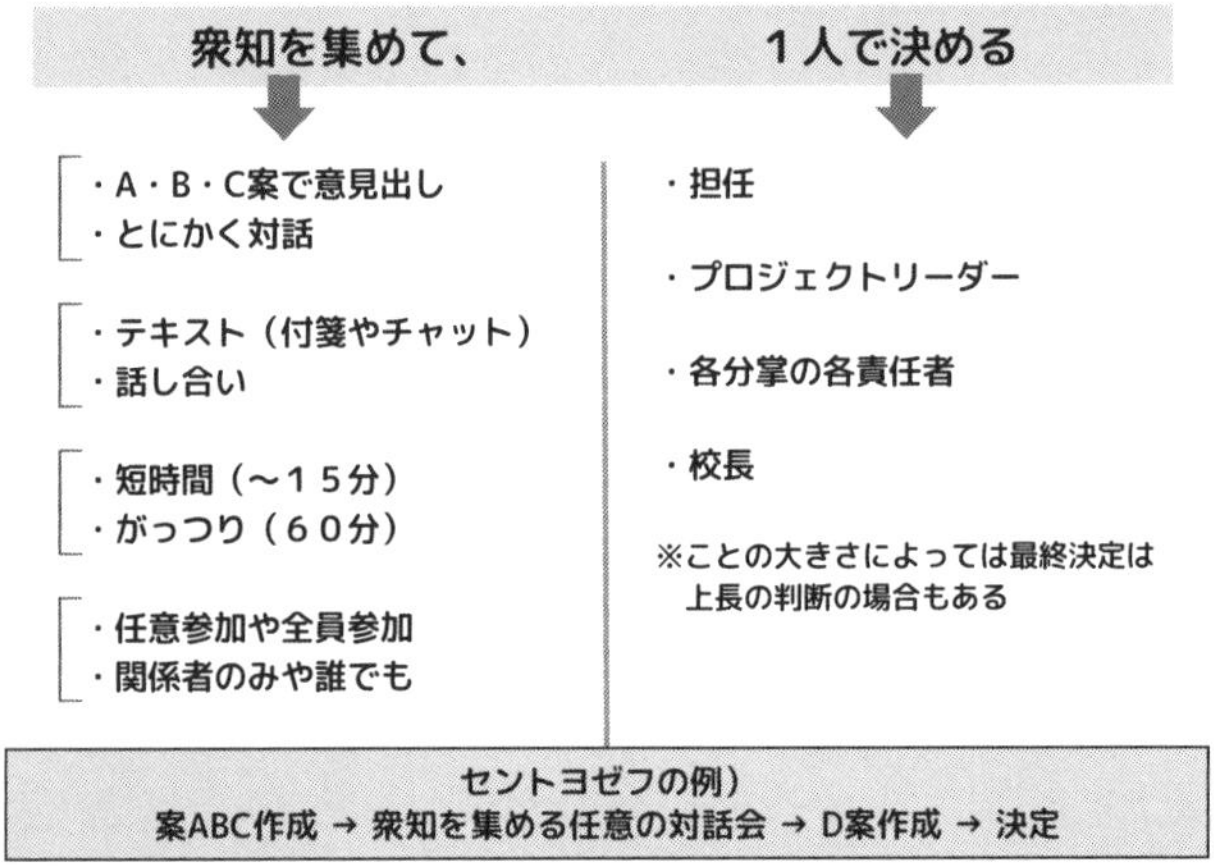

衆知を集めて、
1人で決める
・A・B・C案で意見出し
・とにかく対話
・テキスト（付箋やチャット）
・話し合い
・短時間（～15分）
・がっつり（60分）
・任意参加や全員参加
・関係者のみや誰でも
・担任
・プロジェクトリーダー
・各分掌の各責任者
・校長
※ことの大きさによっては最終決定は上長の判断の場合もある
セントヨゼフの例）
案ABC作成 → 衆知を集める任意の対話会 → D案作成 → 決定

図表3　衆知を集めて1人で決める

質な意思決定につながっていくことを知っている人の輪を、校内にもっと広げようと考えたのです。

ということで、今回は意思決定フローについてのブースは設けず、部活動や校務分掌や教科会をその素材として体験を提供してみることにしたのです。実際の実務に関する意思決定を進めながら、体験者を増やすという一石二鳥の策でした。

当日は、「あと少しでいい形にできそう」という声もあがったように、ねらいどおり、目指すべき意思決定フローの一端を体験することができました。

各プロジェクトの方向性が見えた

対話会で出た話と見えてきた今後の方向性は、次のようなものでした。

部活動精選

部活動数の精選の基準がこれまであるようでなかった。部員数なのか、生徒の希望の強さや大会等実績なのかなど、生徒手帳にあることと、実際の指導が揃っていなかった。

ずっと検討が必要だと多くの人が、数年来幾度となく声をあげてきたが、これまで解消されることはなかった。「部活動をやっている子はえらい」というような今の風潮は違うのでは。

←

▼部活動数を3年かけて精選し、顧問は希望者にするという2点はほぼ決定とする。

▼単に部活動数を減らせばいいわけではなく、学校だからこそできる部活動に絞る。

▼ハンドベルなどカトリック校ならではの部活動は、実践の場として部員数が少なくても残す。

▼合唱など一人ではできにくい等、習い事では提供できないような部活動は残す　等。

分掌と委員会の見直し

分掌でも委員会でも似たようなことを担当していて、出てくる提案や目指すものがバラバラしていたりする。また、それぞれがまじめに自分の範囲のことだけをやっているが、どこにも属さないような仕事が取りこぼされている。いろいろな会議体があるが、委員会が乱立してややこしくなりがち。

←

▼各部や組織の責任範囲をはっきりさせるとともに、取りこぼす仕事がないようにカバーし合える仕組みが必要だとわかった。もう少し話したらその方法が見つかりそう。

▼コミュニケーションの仕組みを明確にする。

▼これ以降は新しい委員会はつくらず、必要が生じたらすでにある分掌に振り分ける。

▼大きくガラッと改編するよりも、今の枠組みを活かして工夫することで課題は解決できそう。

教科会議の本質

連絡の場になってしまっていて教科研究になっていない。研究授業についての改良は必要。今やっている学びの取り組みについて目的の確認が必要。

←

▼授業が変わることは学校が変わることだと結びついていない人も多いとわかった。

▼入試の作問のあり方を検討することと、教科研究を深めることを進めていく。お互いの授業を見合うことと、その仕組みを考える。

意思決定フロー

衆知を集めて一人で決めるという方法で、これまでの意思決定の課題を解消していく。各メンバーがそうした決め方をそれぞれの分掌・教科・学年などで意識して広めていく。

こうして、この対話会で得た衆知をもとに、各推進メンバーが具体案をブラッシュアップし、具体的な変化に向けて検討が始まっていきました。

(5) 校内調整に奔走(1月)

わかった進みにくさの正体

これまで、校内にどことなくはびこる取り組みへのブレーキのような雰囲気を感じていましたが、1月に入ったところで、それが思い過ごしではなかったことと、その原因がわかりました。

今回の業務改善が始まる夏の約4ヵ月前、新年度当初のことです。

実は、学校行事や部活動についての改善を校長先生から任された「行事・部活検討委員会」という4名の教職員による組織が立ち上がっていました。「委員会」は正式な分掌ではなく、また推進メンバーはそこに所属していなかったので、そのことに気がついていませんでした。

つまり、すでに業務改善に関する組織があったところに、今回の部活動を含めた業務改善プロジェクトが後から始まり、しかも職員会議で校長から「業務改善プロジェクトに任せる」との話があったため、もとからあった行事・部活検討委員会の教職員4名は、このプロジェクトに対してずっと疑問を感じつつ言い出せずにいたそうなのです。

行事・部活検討委員会からすれば、年度当初から正式に任されていた活動を、後から現れた業務改善プロジェクトが、自分たちのことなど眼中にないようなそぶりで進めているので、疑問を感じてモヤモヤするという状態。

一方、行事・部活検討委員会の存在をすっかり失念（年度当初に発表があったことを誰も覚えていなかった）していた業務改善プロジェクトメンバーからすれば、どうも自分たちのこの動きが、一部の人たちから歓迎されていないように感じるけれど、原因がはっきりわからないので不思議で、なんだかやりにくいという状態だったのです。

【この時の推進メンバーの反応】

▼校内で妙な気の遣い方をして、本音で話し合えていないことのいちばんの問題点が明らかになりました。

▼歓迎されていない様子だった理由はわかったが、このモヤモヤしている状況でどう進めていったらいいのか……。

▼違和感を覚えていたのは私だけではなかったのだと思いました。もう少しうまく歯車が噛み合うといいな。

これまで、もちろんわざとではなかったとはいえ、結果的には、意図せず行事・部活検討委員会を無視することとなり不快感を与えていたことを知り、メンバーは、歯がゆさを感じていました。正直、「だったらそれを早く教えてくれれば……」と残念な気持ちもありました。

それでも、ここまで「対話」「協働」できる組織へ変わることを目指してきた自分たちはどうするべきか。

言い訳や対立ではなく、同じ学校に勤める同僚同士、目指すものは共通のはずです。お互いに思うところはあるかもしれないけれど、それを乱暴にぶつけ合って学校改革が止まってしまうのは、望むところではありません。そうしたことを推進メンバー間で確認しました。

ヒトではなくコトを見る

その時、キーワードになったのは「ヒトを見るのではなく、目指すコトを見る」でした。

こうしたすれ違いがあったときには、誰しも素直になるのはなかなか難しいものです。

でも、それで「ヒト」へのわだかまりやモヤモヤにとらわれていると、今後のアクションのストッパーになるだけであり、本当に大切な「コト」を見失ってしまいます。

今回、セントヨゼフ学園は業務改善を通して、学校組織風土を協働的・対話的にすることを目指しており、その先には教員同士が知恵を出し合える、学校のよりよい未来がありますす。こうしたことを考えた結果、今こそ「ヒトではなくコトを見る」ことが必要だということになり、学校をよりよくするという同じ目的をもった者同士、高い視座で協働できる方法を考えることになりました。

わざとではないとはいえ、行事・部活検討委員会を結果的に無視したように動いてしまったことは事実ですし、年度当初に行事・部活検討委員会の発足を聞いていたはずなのに忘れていたことはよくなかった点です。

こうしたことには素直に頭を下げ、これからは一緒に同じ方向を見て考えていきたいということを、推進メンバーでもある教頭先生が行事・部活検討委員会の4名に話しに行くことにしました。教頭先生は、どのように話せば行事・部活検討委員会にうまく伝わるか、事前に論点を整理し、推進メンバーに相談し、準備をされていました。

この時から「ヒトではなくコトを見る」というのが、教頭先生にも推進メンバーにも大切な価値観になりました。図らずも、校長先生がおっしゃっていた「人間関係を超えた対話」を実践することとなりました。

意思決定フローへの不安

こうした丁寧な積み重ねの結果、業務改善プロジェクトと行事・部活検討委員会が一緒に協力しながら、分掌再編・部活動の精選などの新年度からの新たなスタートに向けて、できる限りよいものを目指して一緒に考えることとなりました。

しかし、これらの見通しが立つと、今度は推進メンバーから別の心配の声があがりました。「意思決定フローの課題を解決できる対話的・協働的なやり方が推進メンバーにはかなり落とし込まれてきたけれど、この新しいやり方を、行事・部活検討委員会と一緒にできるだろうか。従来のような課題の多かった決め方に戻ってしまうのではないだろうか」というものでした。

従来のセントヨゼフ学園の意思決定は、担当者（＝委員会や分掌）が考えて提案し、しかるべき会議（運営会議や職員会議等）で決定事項となるという流れでした。これに近い決め方の学校は多いでしょう。このこと自体は悪いわけではないですし、セントヨゼフ学園の場合もそれで特に大きな問題もなかったのですが、一方で、不満や傍観者的な態度が何度も発生してきており、ベストな状態とは言えませんでした。

たとえば、

●違和感やもっといい案があっても言わない・言えない
●非公式な場で文句を言う
●公式な場で決まったことなのに、違和感やもっといい案を、委員会の長や管理職に後日、個人が直接伝えに行き、それにより決定事項がひっくり返ることがある。その結果、何が最終決定なのかあやふやになるため、さらなる不満が生じる

などの問題がありました。

もしこのような問題が予想される、あるいは起こったなら、「決め方」について工夫

が必要です。

この業務改善プロジェクトは、発足以降、メンバーの話し合いの過程でそれをずっと試行してきた営みだったとも言えます。それは、校長先生からの「主体的・対話的・協働的な職員室を」というオーダーに応えるものでもありました。そしてたどり着いたのが、「衆知を集めて一人で決める」であり、業務改善プロジェクトメンバーや任意の対話会に参加した人を中心に、このやり方を知っている人が校内に徐々に増えてきて、メンバーは手応えを感じ始めていました。

まだ校内の全員が新しい決め方を実体験していないなかで、行事・部活検討委員会と業務改善プロジェクトという、業務改善に関する2つの組織を今後統合していく際に、慣れている従来の決め方一辺倒でいくことになると、上述の問題がぶり返すのでは……というのが推進メンバーの感じていた漠然とした不安でした。

こうした不安を推進メンバー同士で話し合い、次のように整理しました。

▼衆知を集め決めるというやり方はよいものではあるが、それしか許さないというものではない。

▼従来の問題を繰り返す心配がないようであれば、慣れた決め方でOK！

▼問題を繰り返すことが予想されれば、具体的な一つ一つの業務改善テーマについて「これはもうちょっとみんなにも聞いてみようよ」と働きかけ、衆知を集めることにする。

こうして、2つの組織が統合されることが、学校にとって前向きな前進となるよう、改めて確認したのでした。

4 見えてきた変化

(1) 推進メンバーの振り返り（1月）

▼新年度からの変化の形が見えてきた

推進メンバーが集まった回数は9月から1月で合計20回以上にものぼりました。課題解決型アプローチに比べれば時間がかかる目標達成型アプローチ（200頁参照）で、選んだテーマはどれも大きなものでしたが、ゼロをイチにするという、最もエネルギーが必要なところを乗り越えつつあり、掲げていた3つのテーマですでに「部活動顧問の希望者制、部活動数は2〜3年で精選、その基準づくり」「分掌の変化」「授業力アップ計画」といった、新年度からの変化が形になりつつありました。

集まるたびにメンバーには共通言語ができていき、共通の価値観が生まれ、色眼鏡をはずして人間関係を超えた対話ができるようになりましたし、目に見える成果もめどが立ち、あと少しのところまで来ました。

当事者意識をもった人を増やさなければ進まない

少しずつ成果の見通しが見えてくると同時に、真剣に組織を動かそうと挑戦したからこそ、組織に横たわる根強い風土を変えるのはなかなか手ごわいこともわかってきました。まさに、「見えにくい部分」の課題の根っこに行きついた感がありました。

1月末ごろの推進メンバーの心情は複雑でした。コロナ感染拡大や行事・部活検討委員会とのこともそうですが、それ以外にも、校内外の事情でプロジェクトが止まらざるを得ないことが幾度かありました。そうしたことに翻弄されなければ、もっとスピーディにできたはずではという悔しさを感じるとともに、当事者意識をもった人を増やさないと物事が進んでいかないという構造に強く気づきました。

数年来、堂々めぐりで進まなかったことが進み始めたことは喜ばしいけれど、以前の自分自身がそうであったように、そのことの価値や、意思決定者（今回は推進メンバーたち）がどれだけ心を砕いたかということにまで思いをはせることができる人が職員室にほとんどいないのではないか。むしろ、もしかしたら「進んでいない」と傍観者的な批判さえされるのでは……と、真剣に取り組んだからこその壁を感じていました。

同時に推進メンバーは、意思決定の責任者である校長先生のこれまでの長年の苦労を理解できたようで、「校長先生がこれまで想定外のことも受け止めたり、葛藤も抱えたりしながら、職員をどれだけ大切にし、悩みつつもさまざまな決断をしてきたのかが心からわかった」と言うメンバーもいました。

推進メンバーからは、本プロジェクト開始以前の自分の他者への振る舞いも傍観者的だったのではと振り返る様子も見られました。

▼逆に私自身ががんばっている同僚をサポートできていなかったのではないかと内省しました。

▼私がこれまで「楽しい！」と思いながら特に何かを深く考えることなく仕事をできてきたのは、言葉を選ばずに言うと「めちゃくちゃラッキー」だったのではないかと思う。翻って、そんな私に振り回された先生方がたくさんいらっしゃったのでは？と反省。

そこで、最後の2月の校内対話は、「見えにくい部分」にしっかりフォーカスして、年度の締めとして5名の推進メンバーが「本気で変化を生み出そうとしたからこそわかったこと・思ったこと」を率直に伝える場としました。

「手応え」そして「もどかしさ」という、ありのままの複雑な心境を教職員に知ってもらうことで、組織の見えない部分を構成している一人一人の意識をもうひと押しして、推進メンバーと同じレベルで学校のことを考えられる人を増やすためです。

(2) 最後の全校対話「報告会」(2月)

推進メンバーの思いと成長の実感

当日、推進メンバーは参加者に率直に次のようなことを伝えました。

▼困難があることは想定していたが、周りから「どうせ今回も何も変えられないんじゃないの」「構想はまだ形にならないの？　何してるの？」と、結果を急かされて想定以上に苦労した。遠くから不平不満を言うだけでなく、どうしたら現状を改善できるのか、自分レベルで考え始めることができるようになったと思う。また、話し合いのプロセスのあり方など、多くのことを学んだ。大切なことにはしっかり時間をかけて、ただし期日を設けて分析・話し合いを重ねることが組織として必要なことだな、と。このプロジェクトメンバーに名乗り出ることは、自分にとって居慣れた居心地のよい

場所から一歩外に踏み出すことだった。

▼今までは誰かに決めてもらえていたが、今回は自分たちで決めていくことを体験した。難しかったが、衆知を集めて一人で決めるということを習得した。本音で語ることが大切だと感じた。聞き方、話し方が大切で、リスペクトをもっていないと対話にならないと肌で感じた。気心が知れない人と話すのにはどうしたらいいのか悩んだが、ヒトではなくコトを見ると学んだ。どの決定も一人一人の思いが詰まった大切なことだとわかった。「リスペクト」をもって知恵を出し合った決定であれば、「本物」だ。

▼対話会や推進メンバー同士の話し合いなどで先生方の意見を聞いて、だんだんとまとまっていく過程をじっくりと見る（体験する）ことができたので、「話し合う」という決め方について再確認できた。最も困ったのは「話し合いをすることについて先生方に声をかける」ことだった。その時間が取れないことが最も課題だと思った。でも、話し合うと、相手の本心が見えるとわかった。「この人はこんな人なんだ、こう思っているんだ。でも行きつくところはここなんだ、一緒に進むんだ」という体験ができた。時間を使ってしっかり話し合うことのよさや大切さが身に染みた。これを校内に

広げていく。うまく言えないが、すごく変わった。

▼「この案を出したら、どう思われるだろう」「こんな反対意見が出てくるんじゃないか」と自信をもって進められていないことがあり、気を遣いすぎた。今までは、「この環境どうにかしてよ」「誰か変えてよ」と人頼みだったところに、「では、自分には何ができるか」という要素をもってこられたことが自分の成長。人の考えや、職場の体制が変わらないことを周りのせいにするのではなく、こちら側のアプローチの仕方に問題はないかなど、視野を広げられるようになった。

▼今回のプロジェクトを通して、動かすことの難しさ、おもしろさ、どちらも感じました。何よりの収穫は、ひとつのことに対して一生懸命考えて議論するってとてもおもしろい！と実感できたこと。「働き方改革」というと何もかも削減という方向にいきがちですが、そうではなくて、こういう時代だからこそコミュニケーションを大切に、話し合う時間が必要なときにはとことん話し合い、そこから新しいものを生み出していくということが大切なのではないかと思います。

私は当日、進行をしていましたが、メンバー一人一人がさらけ出した本音ににじみ出る、「学校を本当によくしたいんだ」という願いに心が震えるとともに、参加者に少しでも推進メンバーの願いが届くようにと祈るような想いでした。

「もっと私たちは話し合わないといけない」

推進メンバーからの話に続いて行ったZoomのブレイクアウトルームでは、推進メンバーとそれ以外の先生が混ざり合って、率直に感じたことを話し合いました。

推進メンバーの話を聞いた直後の教職員たちからは、「批判的に見ていたが、そういうことを言っていた自分がよくなかったのかも」「共感した」「これで変わっていける」「働き方改革の意味について考えさせられた」と、ねぎらいや共感の声があがるルームが多くありました。

また、「働き方改革って時間削減だけじゃなく、やりがいや職場づくりこそ重要だよね」「どんなときにやりがいを感じるだろう」という話に発展していったルームもありました。

対話の終了後も、「もっと私たちは話し合わないといけない」などの声があがっていました。

(3) 対話会後の推進メンバー振り返り

後日、推進メンバーと私たちコンサルタントとで最後の話し合いをしました。

振り返り――よかったこと

推進メンバーにとって、対話会で本音を率直に伝えるのは勇気のいることでしたが、さらけ出したことで、組織の見えにくい根っこの部分には確実に変化が芽生えつつありました。

【推進メンバーの声】

▼各メンバーのまとめを聞いて、私には思いもつかない考えや情熱があることがよく伝

わりました。このチーム（全職員）でやっていける・やっていきたいと思いました。

▼ブレイクアウトルームでの話で、○○先生が「何事もなかなか進まない、また同じことの繰り返し、どうせ決まらないというあきらめも正直あった。12月の話し合いの付箋にも書いたし……。でも、こういう自分の意識があるからこれまでこの学校は何も動かなかったのでは？と思いました」と言われて、私は涙が出そうなくらいうれしかったです。ルームのみんなにもそう伝えました。課題が一つ解決したのかも。

▼やっと前に進められた。

▼話し合うとやっぱり答えが出てくる。

▼報告会でチームメンバーの熱い報告を聞いている時から涙腺がゆるんでいます。一緒に学校のことを真剣に考え、できることをしてきた推進メンバーの先生方への敬意の気持ち。膨大な時間、伴走してくださったコンサルタントへの感謝の気持ち。そして節目までやり抜いたという達成感と安堵感。週末を挟み、周りの反応が気になり始めたところに、今日○○先生から反応がありました。「率直な思いや意見を聞けてよかった。この集団（全職員）でまだ何かできる可能性があるという言葉を聞いて、本当

にそう思えた」と言葉をかけてくださり、再び涙腺がゆるみました。

▼報告会で自分の率直な思いを話すことに最初は躊躇しましたが、じわじわと周りから返ってくる反応を肌で感じ始めて、一歩踏み出してよかったと思えます。ここ数年、何か新しいことをしようとするたびに漂うあきらめムード。確かに、このプロジェクトを見る周りの目に冷たさを感じることもありました。しかし、今回の報告会を経て、周りの反応の中に、何か温かいもの・肯定的なものを感じたのは私だけでしょうか。

▼職員の中で何らかのスイッチがＯＮになったような気がします。今度の検討委員会の研修では、「本物」「リスペクト」を軸に、建設的な対話をするための黒子的な役割が少しでも果たせるといいな。

振り返り――解決が必要なこと

個人や組織の成長を感じる一方で、報告会が締めとなってプロジェクトが「ちゃんちゃん、終わり」となるのでは……という危惧も話題になりました。確かにまだまだそうなってしまう可能性もあります。

▼今後もこの5名が中心になって、「この先生はこんなことを考えていたんだ」と知りながら、業務改善も、主体的・対話的・協働的な職員室づくりも進めていく。

▼行事・部活検討委員会との連携は引き続き丁寧にやっていく。

として、変化の歩みを止めないことを確認しました。

見えにくい部分を見ようとすることの重要さを体感してきた推進メンバーたちからは、今後に向けて次のような声があがりました。

▼担当者だけではなく、よりよい学校をつくるために、職員同士が広く深く話し合っていきたい。メンバーや対話会に出た人たちにはそのよさも必要性も伝わったが、まだまだ十分ではない。

▼職員同士でお互いがどう思っているかを知ることが、意思決定の質を高める。

▼これから関わる会議では、「これってもうちょっと話したほうがいいよね」と必要な話し合いをしていく。

▼これまでのように冷たく線を引いて知らんぷりではなく、「私やるよ。一緒に考える

よ」としたい。

プロジェクト開始当初、セントヨゼフ学園は「どうせ無理」と多くの人が感じていた組織でした。それが、最後には「その風土をつくっていたのは自分自身かも」ということに気がつく人が現れ、「この職員たちとならやっていける」という声が出るようになりました。

「切り拓ける子に育つ学校、自分たちでやっていける学校なんだとセントヨゼフを選ぶ保護者にも知ってほしい。先生たち自身が切り拓いていったんだから」とは、推進メンバーでもある教頭先生の言葉です。

特別寄稿

今回セントヨゼフ学園の支援に入るにあたって、21世紀型教育機構理事の石川一郎先生に先生の幸せ研究所へのアドバイザーとして入っていただきました。弊社にはできない学校管理職へのより高度な助言や、コンサルティング全体の流れを見て俯瞰したアドバイスで支えていただきました。心より感謝申し上げます。

コロナ禍での学校改革　石川一郎（21世紀型教育機構理事／かえつ有明中学・高等学校元校長／香里ヌヴェール学院元学院長）

2021年度、教育現場はコロナ禍が直撃していたと言える。その中、筆者は三重県にあるセントヨゼフ学園の学校改革のプロジェクトに参加していた。このプロジェクトは「先生の幸せ研究所」が運営しており、筆者は随時アドバイスをする顧問的立場で参加していた。その時の実践から学校改革について考えてみた。

「学校改革コンサルタント」が筆者の現在の仕事である。学校改革には、一般教員、中間管理職、校長とそれぞれの立場で関わってきたが、現在は外部から複数の学校の改革に携わっている。

筆者なりに、学校改革を2つの軸で考察する（次頁図参照）。2つの軸を「主体」と「方法」とおき、「主体」は誰がどんな形で進めるか、「方法」はどのような形で進めていくか、とした。

「主体」は、トップダウン型（管理職中心の意思決定）とボトムアップ型（現場教員の意思の集約）に大別される。

「方法」は、北風型（方針を一方的に打ち出し強引に進める）と太陽型（一人ひとりの意見の集約を大事にし、緩やかなスピードで進めていく）に大別される。

一般的に教師は、ボトムアップ・太陽型を好む。これは学級運営の基本であり、担任

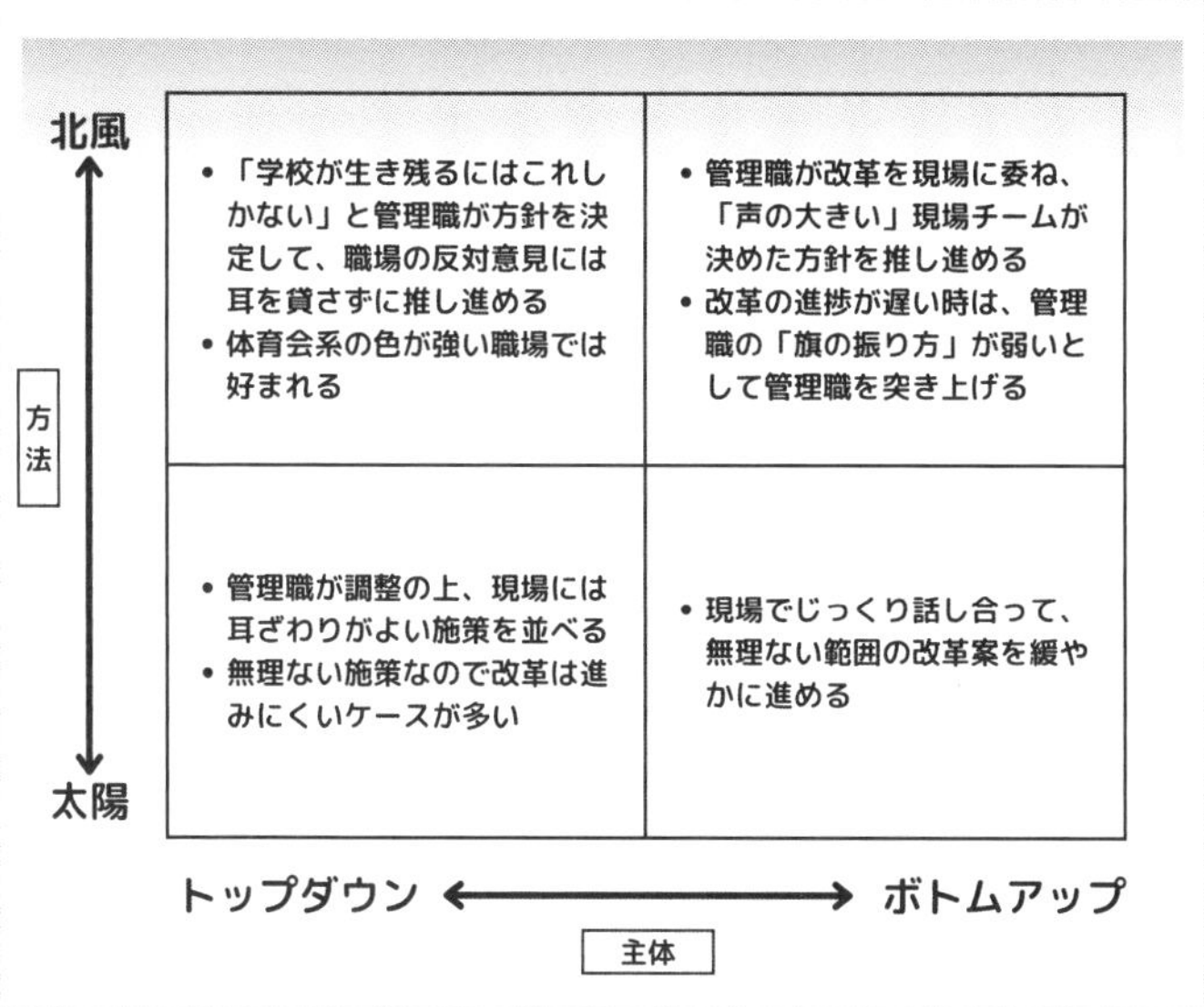
北風
太陽
方法
・「学校が生き残るにはこれしかない」と管理職が方針を決定して、職場の反対意見には耳を貸さずに推し進める
・体育会系の色が強い職場では好まれる
・管理職が改革を現場に委ね、「声の大きい」現場チームが決めた方針を推し進める
・改革の進捗が遅い時は、管理職の「旗の振り方」が弱いとして管理職を突き上げる
・管理職が調整の上、現場には耳ざわりがよい施策を並べる
・無理ない施策なので改革は進みにくいケースが多い
・現場でじっくり話し合って、無理ない範囲の改革案を緩やかに進める
トップダウン
ボトムアップ
主体

として最も大事な心得であると言える。しかし、学校改革の時には多様な意見が職員室に存在することを改めて認識し、話し合いを繰り返しても前進しないことを知り、トップダウン・北風型しかないという考え方に陥りやすい。

では、先生の幸せ研究所はセントヨゼフ学園の改革にどのスタンスをとったのか。彼らは、管理職との対話の結果、「ボトムアップ・太陽型」を採用した。

管理職は多くの教師が改革に主体的であってほしいという意向であり、

ただ「話し合いのための話し合い」で終わらないように自薦によるプロジェクトチームを編成し、そのチームに権限を委ねたのである。これは、正確に言えばトップダウンとボトムアップの両方の側面を兼ねたと言える。

そして、プロジェクトチームと先生の幸せ研究所の関わりは秀逸であった。チームと定期的に対話を続けながら、教師たちとの話し合いの中では「太陽型」になるよう司会的な出過ぎないスタンスでさりげないファシリテータの立場をとったのだ。

外部の関わりが「太陽型」でうまく進むのを実体験できたのが、自分自身にとって新しい発見であり、役に立っていると感じる。

4章

「教育委員会の幸せ」が「学校の幸せ」につながる

――枚方市教育委員会の実践

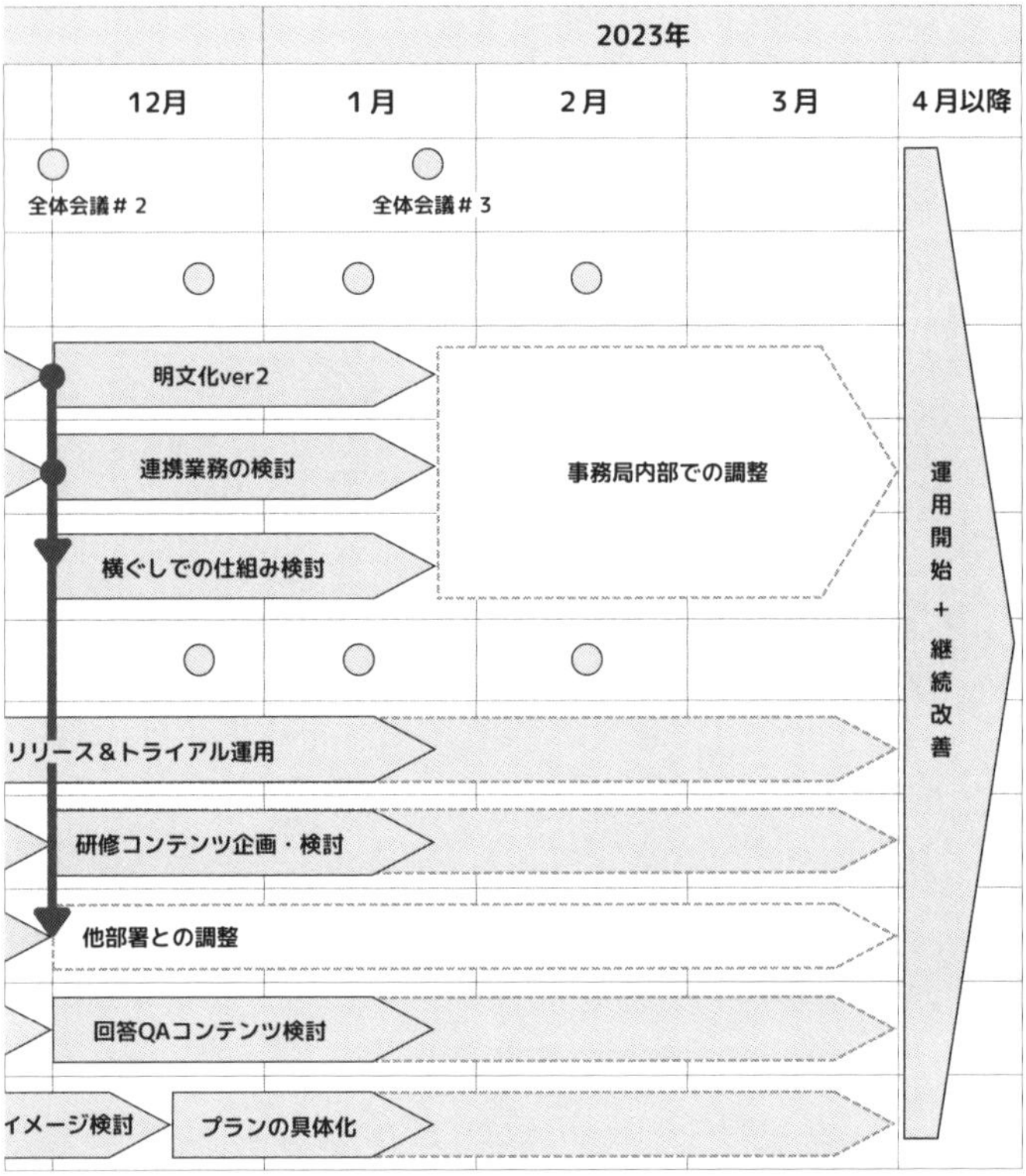
2023年
12月
1月
2月
3月
4月以降
全体会議＃2
全体会議＃3
明文化ver2
連携業務の検討
横ぐしでの仕組み検討
事務局内部での調整
リリース＆トライアル運用
研修コンテンツ企画・検討
他部署との調整
回答QAコンテンツ検討
イメージ検討
プランの具体化
運用開始＋継続改善

枚方市教育委員会のプロジェクト型業務改善

●パワフルな課長陣が部全体の業務改善を協議する中で、たどり着いたのは「自分たちの在り方（存在）」を再定義するための行動規範。
●並行して課員から手あげで集まった約15名の推進メンバーたち。それぞれでテーマを立ち上げ進めていくとプロジェクト間の共通点が見つかった。

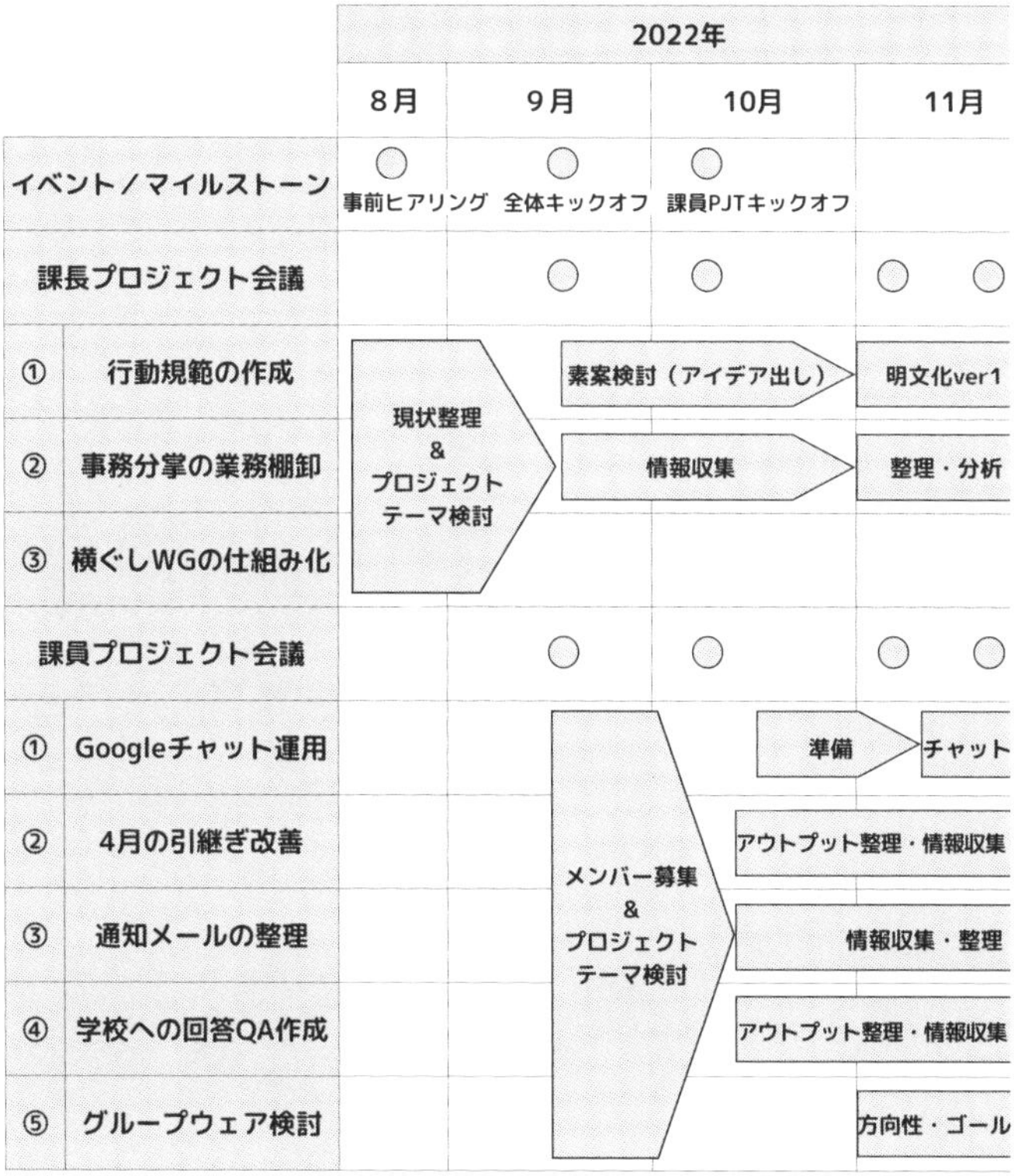

1 なぜ教育委員会への支援が必要なのか

先生の幸せ研究所ではこれまでも、教育委員会支援をしてきていましたが、それは「学校のため」のものであり、教育委員会が学校のためにできる公助の改革のためでした。

でも、ここで紹介するのは、教育委員会事務局自らの業務改善です。つまり、自分たち教育委員会職員の働き方を変えるために、自分たちでできることに着手する、教育委員会事務局にとっての「共助」の改革です。

担任のカラーに染まる学級、校長のカラーに染まる職員室

私が小学校教員や講師をしていたときに、学級担任以外の専科などの立場で、多くの教室に入っていろいろな先生の授業や学級経営の日常風景を見る機会がありました。そのときに、子どもたちはその教室の担任のカラーに見事に染まるという事実に気づいた

のでした。クラス替え直後の4月当初、まだ何色にも染まっていなかった学級が、数週間すると「〇〇先生らしい学級」になっていくのです。そこでは、先生が何を言うか以上に、先生からかもし出されるものが反映されていました。それは先生が意図している以上に影響力が大きく、子どもたちが先生に合わせようと意識的に努力しなくても、学級に流れる空気がその先生のカラーになるのです。これは、私にとっては興味深い光景で、後に「大人になるって楽しい！という先生の笑顔が何よりの教育」という考えに至る原体験でした。

その後、教員を退職してすぐに、いくつかの企業のコンサルティングのお手伝いをしたときには、社長や所属長のあり方が、そこで働く人たちに大きく影響を与えているのを目の当たりにしました。

さらに、学校現場のコンサルティングをするようになって気づいたのは、校長先生のあり方や考え方次第で職員室は大きく変わるということでした。校長先生が異動して次の人になると、職員室の雰囲気はよくも悪くも大きく変わります。これは、自分が教員をして職員室にいたときには無自覚だったことでした。教員の時には、校長先生を意識していたつもりも、影響を受けていたつもりもなかったのですが、コンサルタントという、たまにしか学校に行かない立場になると、変化をより客観的に見ることができるので、職員室が校長先生の色に染まっていくという、大きな変化に気づきました。

また、多くの学校を訪問する機会もあるので、それぞれの校長カラーがそれぞれの学校に必ず現れることにも気がつきました。学校の中にいると気づきにくいのですが、コーディネーターなど、複数の学校を訪問して各校長先生とも話す機会のある方は、校長先生がかもし出すものの影響力の大きさを肌で感じることも多いと思います。

教室では教員の振る舞いが子どもに多大な影響を与え、職員室では校長先生の振る舞いが教職員に多大な影響を与えるのです。これを「隠れたカリキュラム」と言うということを後で知りました。

「教育委員会の幸せ」が地域の学校に影響する

そして、同じ構造で、学校は教育委員会から大きな影響を受けています。校長会研修などで多数の自治体を訪問するなかで、教育委員会事務局のあり方が、その地域の校長会の雰囲気と連動していることも体感しました。

先生が教室で幸せなら、それが子どもに大きく影響する。校長先生が幸せなら職員に大きく影響する。教育委員会が幸せなら地域の学校に大きく影響する……。となれば、今度は幸せな教育委員会事務局を増やすのも私の役目のひとつです。

ただしこれは、「先生が幸せでないと子どもは幸せになれない」ということではありません。誰を起点にしてもいいですし、人は自分で自分を幸せにする力をもっています。ただ、「隠れたカリキュラム」という構造もあるため、より影響力の大きい人たちがどうあるかは、組織や社会にとって影響力が大きいのです。

こうして、教育委員会事務局の業務改善支援を始めることとなりました。今これを書いているのは2023年1月ですので、現在進行形で年度末までの支援を進めている最中であり、ここでは途中まではありますが、枚方市教育委員会で起こったことをお伝えしていきます。

2 プロジェクトが動き出すまで

(1) 次長との開始前打ち合わせ（初夏）、課長ヒアリング（夏）

課を横断したプロジェクト型業務改善が必要

まず、次長と話をして、現状の課題を明らかにするところから始めました。そのなかでわかった一番大きな現状の困りごとは、

▼コロナ禍で、これまでのように各課縦割りで考えていては立ち行かない課題が増えたというものでした。また、事務局職員の「よりよくしたい意欲」を伸ばすためにも、具体的な改善をかなえるためにも、「ボトムアップを大切にしたプロジェクト型業務改善」が必要ということでした。

そこで、次長と共に取り組みの方向性を次のように考えました。

●6名いる学校教育部の課長陣を中心として、課を横断した課題をプロジェクト型で解

決する。

●課員の活動を募集してプロジェクト型業務改善を実施する。

各課長の業務改善への意欲

さらに、枚方市教育委員会の現状と課題を把握するため、学校教育部の課長６名への個別ヒアリングを実施しました。

児童生徒支援課・教育研修課・教職員課・教育指導課・放課後子ども課・学校支援課の各課長です。６名中４名が初めて課長になったばかり、また４名は教員出身というメンバーで、どの課長も業務改善には意欲的でした。

ヒアリングでわかったこと

●よいことや続けるといいこと：課長間の関係性は良好であり、各課長が課内の業務改善の工夫をすでにしている。

●課題意識や願い：部全体としては、各課横断で関係性や連携をさらに高めたいが、隣の課の業務や工夫をよく知らないので具体的に行動しにくい。よく突発的なことへの対応に追われている課がある。

(2) 課長キックオフ

話し合いの後、できることから業務改善をスタート

課長ヒアリングの内容を整理したものを対話の素材としながら、改めて課長たちで集まってざっくばらんに話し合い、業務改善のスタートとしました。

出てきた意見は次のようなことでした。

見えてきたこと・必要なこと

- すぐにできる改善策はすぐにとりかかる。
- 課長だけではなく課員の力も活かしていく。
- 今ある業務を分担するのではなく、スクラップを前提にする。
- 学校の自立・自律を促し、事務局が突発対応から解放され本来業務に時間を使えるよ

うにする。

●各課の業務改善ノウハウや工夫はお互い共有し合う。

●課を超えた協力（分担ではなく）・連携のために、業務を見える化・共有化する。

●上長（次長・部長・副教育長・教育長）の旗振りと、職員一人一人が自分と相手の時間を大切にする姿勢をもちたい。

今後進めていくこと

●課長プロジェクト：課長だからこそ解決できることを課長チームで進める。

●課員プロジェクト：希望する課員のボトムアップでの取り組みを進める。

(3)　部のキックオフ（9月）

ワークショップで202件の意見・アイデアが集まる

課員プロジェクトのスタートが決まり、部全体として業務改善開始を宣言するためのキックオフ全体対話会を開催することとなり、学校教育部全課職員（約70名）が参加しました。

目的は、教育委員会事務局の業務改善についての課題や知恵を出し合い、改善のきっかけをつかむことです。ここまでの動きと今後についてや、業務改善に関する国の動きや学校との関係性、業務改善手法といった基本的なことを私から紹介した後に、課題や知恵をワークショップ形式で出し合いました。

たった30分程度のワークでしたが、合計202件の意見やアイデアが集まりました。

■写真1　部のキックオフの様子

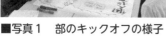

終了後の感想は、次のようでした。

▼どの課も課題は似ている。すぐにできることがたくさんあった。

▼行政職と指導主事の感じていた課題が同じことが多く意外だった。

▼とてもワクワクする取り組みだと思いました。

▼このキックオフ会の感想や今後やりたいことを課に戻ったら共有しようと思う。

▼通知の工夫はすぐにとりかかる。

▼問題意識をもって優先順位をつけることが重要だと感じた。

▼視野が広がって楽しかった。

▼斬新に思われるアイデアでも、実際に紙に書き出してみると、そんなに難しくなさそうだと感じた。

■写真2　キックオフ全体対話会

その日のうちに、今後進める課員プロジェクトについて推進メンバーを手あげ式で募ったところ、各課から手があがり、さらにそこに課長推薦のメンバー数名も加えて課を横断した合計12名が課員プロジェクトメンバーとなりました。

こうしていよいよ、課員によるプロジェクト型業務改善も、課長プロジェクトと並行して進めていくこととなりました。

3 動き出したプロジェクト

(1) 課長プロジェクト

話し合うなかで、方向性や施策がさらに焦点化していき、課長プロジェクトでは主に2つのことが柱となりました。ひとつは具体的・直接的な業務改善。もうひとつは、業務の判断軸になるような理念や基準をつくることでした。

具体的・直接的な業務改善

①各課でできる改善はさらに進める

各課裁量の工夫・改善は引き続き進める。また、各課で進めている業務改善ノウハウを課間でも交換してお互いに取り入れる。小さな工夫から大胆なことまで、課長であればできることは多いので、できることはすぐに着手する。

②学校訪問を効率化する

現状は、各課がばらばらに訪問していて非効率かつ学校にとっても時間がかかりすぎていてよくないので、訪問スケジュールを可視化して、訪問をまとめる。公用車予約フォームに訪問先も記載することにすれば、すぐに実現できることに気づいたので、早速実施。

③動員の精査

他課の動員ありきではなく、そもそもその業務がスクラップできないのかを各課と部全体で、もっと突き詰めて検討する。「協力」や「連携」という耳当たりのよい言葉のもとで、動員が前提になっていないかという視点で、これまでの当たり前を見直す。動員を前提とした業務量にならないようにする努力が各課で必要であり、どうしても避けられない動員なのかは部内会議で協議して精査する。

④真の意味での連携をする

③のような、よりシビアな目での各課の業務改善を実施する一方で、課間の縦割りによる非効率を解消し、より質の高い業務を遂行できるような、協力や分担ではない「真の意味での連携」を進める。そのためには、隣の課の業務をもう少し詳しく知る必要がある。今は事務分掌一覧を各課でつくっているが、フォーマットが揃っていないうえに、粒度が荒すぎて、それを見てもお互いに業務内容がわからない。業務内容がもう少しわかれば、お互いに重複や無駄に気づいたり、さらなる付加価値を生み出したりという真の連携ができる。そのためにまずは、各課の事務分掌を統合して、業務の全体像を見える化する（**図表1**）。

⑤縦割り解消のために横ぐしのワーキンググループを発足させる

現状の縦割り構造により、非効率が発生したり、付加価値の創造ができにくかったりしていることを解消する。業務改善の本取り組みのめどが立つであろう年度末までに、横ぐしのワーキンググループを発足させて、これまでの縦割りによる弊害の解消を目指す。

(2)　業務の判断軸や基準の作成

業務改善について話し合っていくなかで、本質的に大切にしたい価値観がキーワードとして出てくるようになっていきました。「真の連携」「風化させない」「お互いの時間を大切にする意識」等々。次のような声がありました。

▼目に見える業務改善も進めるとして、それと同時に、自分たちがここで話し合ったようなことやその価値観が事務局に根づき、上席や職員が変わっても語り継がれるよう

	事務分類①（仕事の対象）	事務分類②（仕事の性質・内容）	事務分掌	概要説明（50文字程度）
1	その他（外部団体など）	会議体（運営・調整等）	PTA協議会との調整	PTA協議会との連絡調整
2	学校園向け	会議体（運営・調整等）	校園長会、教頭会に関すること	校園長会、教頭会に関すること
3	市全体／市役所内	政策関連（方針、制度、事業など）	管理運営指針に関すること	管理運営指針に関すること
4	市全体／市役所内	政策関連（方針、制度、事業など）	『教職員の智』に関すること	『教職員の智』（方針、制度、事業など）に関すること
5	市全体／市役所内	会計関連（予算補助金等）	就学援助費に関すること	経済的理由により就学が困難な児童生徒及び就学予定者の保護者に対し、必要な援助を行うことにより、義務教育の円滑な実施に資する。
6	市全体／市役所内	ICT・システム関連	学事情報システムに関すること	住民記録系統・学事情報システムの仕様・運用に関すること
7	市全体／市役所内	会計関連（予算・補助金等）	支援学級等就学奨励費に関すること	心身に障害のある児童又は生徒の保護者（親権を行うもの、後見人その他の者で、現に児童又は生徒を監護する者をいう。）に支援学級等就学奨励費を支給することにより、当該児童又は生徒の就学の奨励を図る。
8	市全体／市役所内	会計関連（予算・補助金等）	夜間学級就学援助費に関すること	府内の中学校夜間学級に在籍する生徒のうち経済的理由により就学が困難な者又は当該者の保護者に対し、就学に要する費用の一部を援助することにより、義務教育を修了できなかった者の学習の機会を確保する。
9	市全体／市役所内	政策関連（方針、制度、事業など）	保健統括	保健統括
10	市全体／市役所内	政策関連（方針、制度、事業など）	児童生徒の健康診断に関すること	児童生徒の健康診断に関すること
11	市全体／市役所内	政策関連（方針、制度、事業など）	就学時健康診断に関すること	学校保健安全法に基づき、翌学年の初めから小学校へ就学する予定者に対して、予め健康診断を実施する。
12	その他（外部団体など）	会計関連（予算補助金等）	独立行政法人日本スポーツ振興センター災害共済給付制度	スポーツの振興のために必要な援助、義務教育諸学校等の管理下における児童生徒等の災害に関する必要な給付を行う

図表1　業務の全体像を見える化（約400件より抜粋）

※これを見ながら、精選・統合・効率化の具体案が決まっていきました。

なことができないか。
▼人が異動しても取り組みが風化しないようなことが目指せないか。
▼そうした何かを考えてほしいというオーダーが次長からもあった。

そんなことを話すうちに、「連携や時間を大切にすることなどの重要性を意識し続ける教育委員会事務局であるために、それら心構えを明文化してはどうか」という声があがり始めました。

そこで、心構えや判断軸を明文化して、「ビジョン・ミッション・バリュー」としてまとめることになりました。

いずれは外部にも広く公開していくことを目指して、中心となった課長が何度も文言を練り直し、内部での理解を得ながらブラッシュアップしていき、執筆時の今は案としてここまでできあがってきています（**図表2**）。

(3) 課員プロジェクト

12名の課員たちで、課員プロジェクトが始まりました（のちに増えて最終的には14名となりました）。

5つのプロジェクトの発足

各自の取り組みテーマを決めるため、課員たちが集まって決起対話を実施しました。日常業務で忙しいなか、わざわざ手をあげたメンバーも多く、次のような思いや願いがあふれ出ました。

決起対話での声

▼先日の全員キックオフの時に、みん

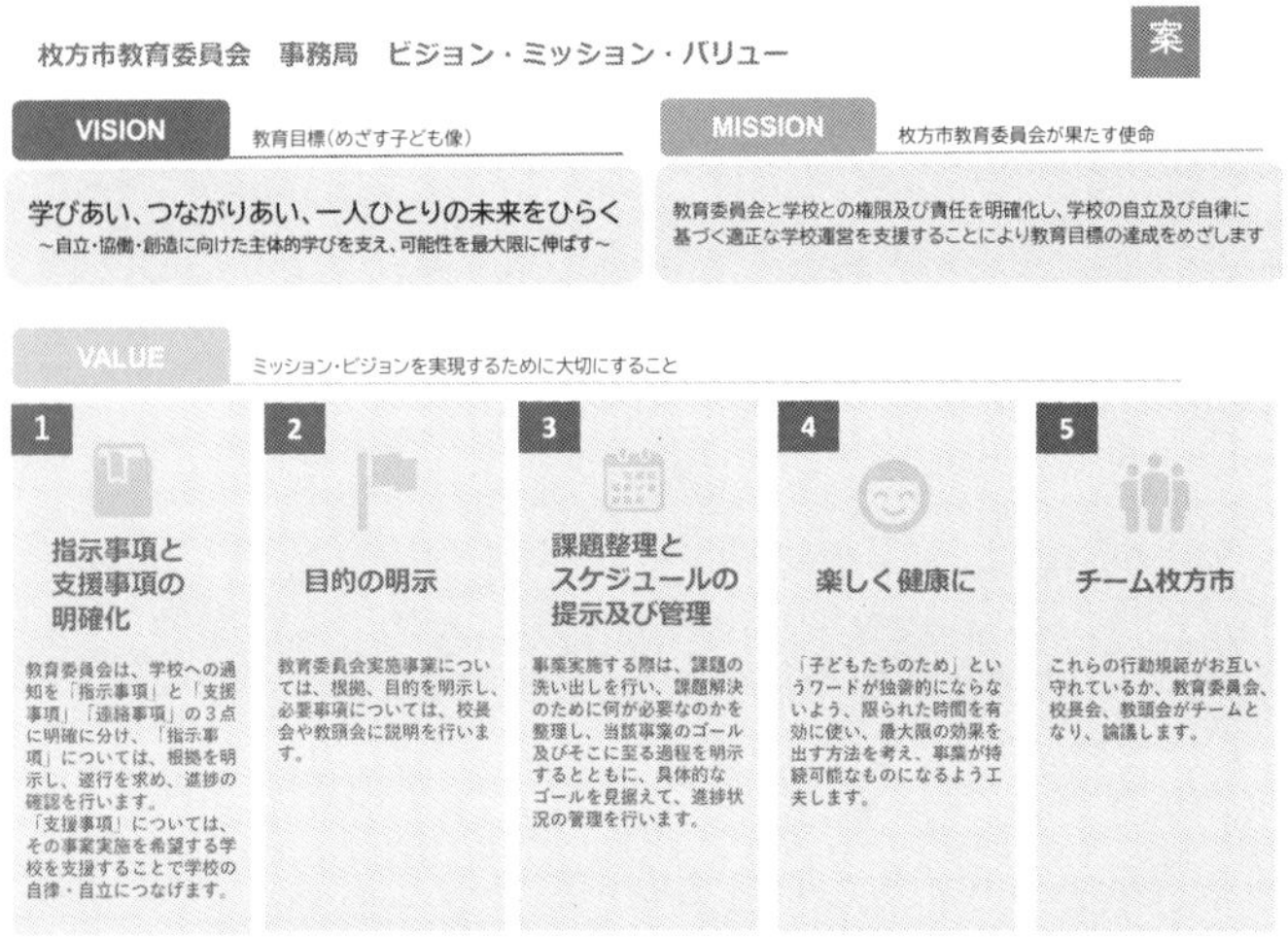

枚方市教育委員会　事務局　ビジョン・ミッション・バリュー
案
VISION
教育目標(めざす子ども像)
学びあい、つながりあい、一人ひとりの未来をひらく
～自立・協働・創造に向けた主体的学びを支え、可能性を最大限に伸ばす～
MISSION
枚方市教育委員会が果たす使命
教育委員会と学校との権限及び責任を明確化し、学校の自立及び自律に基づく適正な学校運営を支援することにより教育目標の達成をめざします
VALUE
ミッション・ビジョンを実現するために大切にすること
1
指示事項と支援事項の明確化
教育委員会は、学校への通知を「指示事項」と「支援事項」「連絡事項」の3点に明確に分け、「指示事項」については、根拠を明示し、遂行を求め、進捗の確認を行います。「支援事項」については、その事業実施を希望する学校を支援することで学校の自律・自立につなげます。
2
目的の明示
教育委員会実施事業については、根拠、目的を明示し、必要事項については、校長会や教頭会に説明を行います。
3
課題整理とスケジュールの提示及び管理
事業実施する際は、課題の洗い出しを行い、課題解決のために何が必要なのかを整理し、当該事業のゴール及びそこに至る過程を明示するとともに、具体的なゴールを見据えて、進捗状況の管理を行います。
4
楽しく健康に
「子どもたちのため」というワードが独善的にならないよう、限られた時間を有効に使い、最大限の効果を出す方法を考え、事業が持続可能なものになるよう工夫します。
5
チーム枚方市
これらの行動規範がお互い守れているか、教育委員会、校長会、教頭会がチームとなり、論議します。

図表2　枚方市教育委員会事務局　ビジョン・ミッション・バリュー

な同じことを思っていたことがわかった。何か役に立ちたいと思った。

▼学校が業務改善をしているのは見てきているので、教育委員会も同じようにやってみたい。

▼教育委員会に来てから6年間モヤモヤしていたことを、堂々と発言したいと思っている。

▼一つは学校のためになりたい。学校の服務担当の自分だからこそできることがあると思う。もう一つは自分の時間をつくるため。

▼プロジェクト型でクリエイティブにできることにワクワクしている。

▼首長部局にいたときから教育委員会が遅くまで働いているのは知っていた。難しいかもしれないが少しでも改善できたらという想い。

▼前からやりたい、やらなければと思っていた業務改善を、業務改善プロジェクトという公式な取り組みの中で実行したい。

そして、課員プロジェクトの目標として、「業務が今よりも減った・効率化したという実感を得ること」が決まり、各自自分のやりたいテーマごとに5つのチームを発足させました。

5つのテーマは次のものです。それぞれ1～5名で構成されました。一人で複数テーマに所属する課員もいるほど意欲的なメンバーたちでした。

①学校に気軽に着実に情報を届けることで、自分たちの確認コストを減らし、学校にも時間が生まれる「グーグルチャット運用」チーム

②教育委員会のお作法がわからず毎年異動してきた人が困るという連鎖を断ち切り、年度初めの業務をスムーズにスタートさせる「4月の引継ぎ改善・秘伝の書作成」チーム

③膨大な学校へのメール通知を教育委員会も学校も年間を見通して準備・重複削減できるようにする「通知見通しカレンダー作成」チーム

■写真3　課員プロジェクト

④学校が教育委員会への問い合わせでたらいまわしになることを防ぎ、教育委員会も問い合わせ対応にかかる時間を減らせる「学校への回答QA作成」チーム

⑤もっと便利にできるはずなのに見直しが後回しになっていたグループウェアを改めて構築する「グループウェア」チーム

各チームで進め、全チームで知恵を出し合う

そうして、各テーマごとのチームの活動が始まっていきました（図表

チーム名：４月の引継ぎ改善チーム

最終的に実現したいこと（目指す姿や目的）					
「引継ぎにかかる業務負担軽減！新メンバーの不安解消！」「秘伝の書（仮）の完成！」					
具体的な施策					
①アンケートの作成・実施　②既存データの確認　③枠＆リンク先データ作成　④秘伝の書（仮）の完成					
施策を進めるための計画（２月22日時点で達成することを先に記入して、そこから逆算して直近のアクションまでさかのぼる）					
ターゲットの日付	その時点で達成すること	具体的なアクションアイテム（出来る限り細かく細分化）	チーム内の担当者	チーム外の連携先（人や組織）	想定される課題と対応策
3/31	「秘伝の書」（仮）運用開始	「秘伝の書」（仮）を新メンバーに渡す			渡す方法
mm/dd					
1/23					
1/11	リンクの中身の再確認（修正）	リンクの中身についてチームで分担し修正		各課代表２名	どこまで各課の差異を整えるのか
12/21～1/11	内容とその中身について各課代表に見ていただく	各課代表に見てもらうデータ作成	全員で分担		
12/8以降	リンクの中身の確認	リンクの中身についてチームで分担し作成			
12/8	アンケート〆切	スプレッドシートで共有	○○（名前）		
12/1	アンケート実施	メッセージ＆ＱＲコードで配付	○○（名前）	課員ＰＪメンバーから各課員へ	回答率のＵＰ

図表３　計画シート

3の計画シートは、先生の幸せ研究所から提供し、必要なチームが利用したものです）。

課員プロジェクトは、各チームごとの短時間のミーティングと、全チーム集まってのメンバーミーティングを繰り返しながら進めていきました。どちらも毎回全員が集まることはなかなか難しかったのですが、メンバー間でＬＩＮＥグループなども活用しながら、情報をうまく共有していきました。私や先生の幸せ研究所コンサルタントもＬＩＮＥグループに入って進捗管理をしたり、一緒に考えたりしていきました。

全チーム集まってのメンバーミーティングは、ほぼ毎月定期的に私が訪問するつど開き、全チームがお互いに進捗を報告し、知恵を出し合う場となりました。各課の多様なメンバーからの意見は貴重で、そのつど前に進んでいきましたし、毎月のその会までに、各チームはそれぞれが取り組みを少しずつ進めていくというサイクルができました。

その中から、ここでは「４月の引継ぎ改善・秘伝の書作成」について紹介します。

９月にあった部のキックオフでは、「異動したばかりの頃は教育委員会のお作法などがわからず、学校から来た者も首長部局から来た者も困ることが多い」という声が少なからずあがっていました。課員メンバーでもとくにそのことに強い課題意識をもっている人たちで、この「4月の引継ぎ改善・秘伝の書作成」チームが結成されました。

話し合ったのは次のようなことでした

現状の課題

▼4月の異動したばかりの時は、ほとんどの人が教育委員会のお作法がわからず、また引き継ぎもない。
▼コピー機の運用ルールや、決裁の流れ、会議室の予約方法等々、学校や市長部局とは違っているため、いちいち周りの人に尋ねなくてはいけない。
▼誰に聞けばいいのかもわからないこともあって困る。
▼聞かれた側は業務の手が止まる。
▼引き継ぎ事項もマニュアルも明文化されていないため、新規異動者にも元からいる者にも業務の停滞が起こる。
▼新規異動者は丸一日カンヅメでお作法について学びたいくらいだが、多岐にわたるし、

担当課も不明なものが多いので誰が講師になるかを決められない。また、丸一日席を外されると業務が止まるので、現実的ではない。

解決の方向性

▼4月当初に知っておきたいことは、ほとんど多くの人に共通していることがある。
▼各課のお作法については課内で共有可能なため、全課共通のことはどこかにまとめて「これを見ればわかる」というものがつくれないか。
▼たとえばごく簡易な「困った時のお助け集」的なものがいいのでは。
▼困った人が困ったときに各自で調べて解決できるものをつくろう。
▼遊び心でネーミングは「秘伝の書」はどうか。

具体的にやってみる

○**各項目のフォーマットや文字数・更新はどうする?**
▼文字が多すぎると手に取りにくいので簡潔にする（**写真4**）。

▼リンク先をつけておいて常に最新情報にとべるようにする。

←

▼秘伝の書自体も更新することを仕組み化し、運用しながら改善していく。

←

○どんな項目があると役に立つか?

▼すべてを網羅するとなると、膨大になる。

←

▼まずはチームメンバーで洗い出したものを素案に、課員プロジェクトメンバー定例会で意見をもらい、それらを元にしたアンケートで課の意見を集める(**図表4**)。

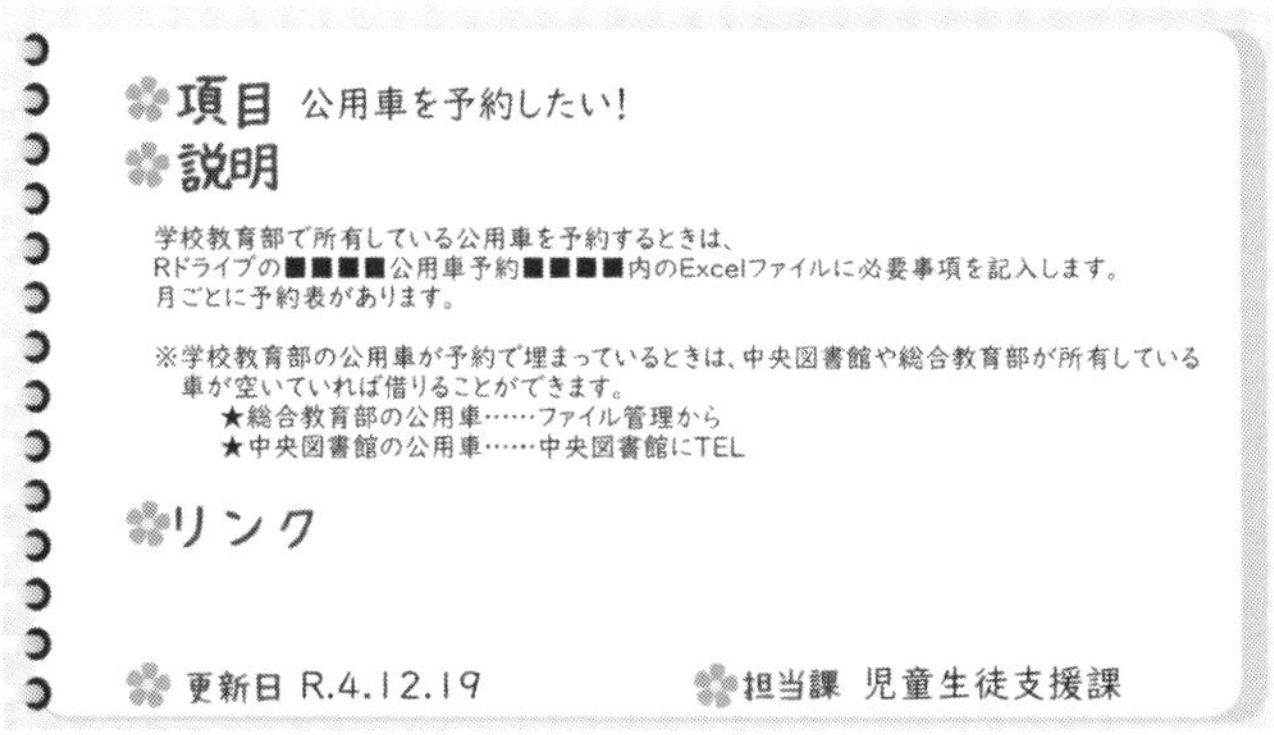
項目　公用車を予約したい!

説明

学校教育部で所有している公用車を予約するときは、
Rドライブの[redacted]公用車予約[redacted]内のExcelファイルに必要事項を記入します。
月ごとに予約表があります。

※学校教育部の公用車が予約で埋まっているときは、中央図書館や総合教育部が所有している車が空いていれば借りることができます。
★総合教育部の公用車……ファイル管理から
★中央図書館の公用車……中央図書館にTEL

リンク

更新日 R.4.12.19　　担当課 児童生徒支援課

■写真4　秘伝の書

←

▼困ることは多いが、部全体で共通して4月にまず知っておきたいことは上位8項目程度で、案外少なかった！

「4月の引継ぎ改善・秘伝の書作成」チームは、こうしたことを随時チームメンバー↓月1回課員プロジェクト（↓必要に応じて上席やプロジェクト外の課員たち）というサイクルの中で知恵を出し合い、形にしていきました。

プロジェクトの進行とともに明確になる改善策

異動者に年度当初に知らせておきたい最低限の

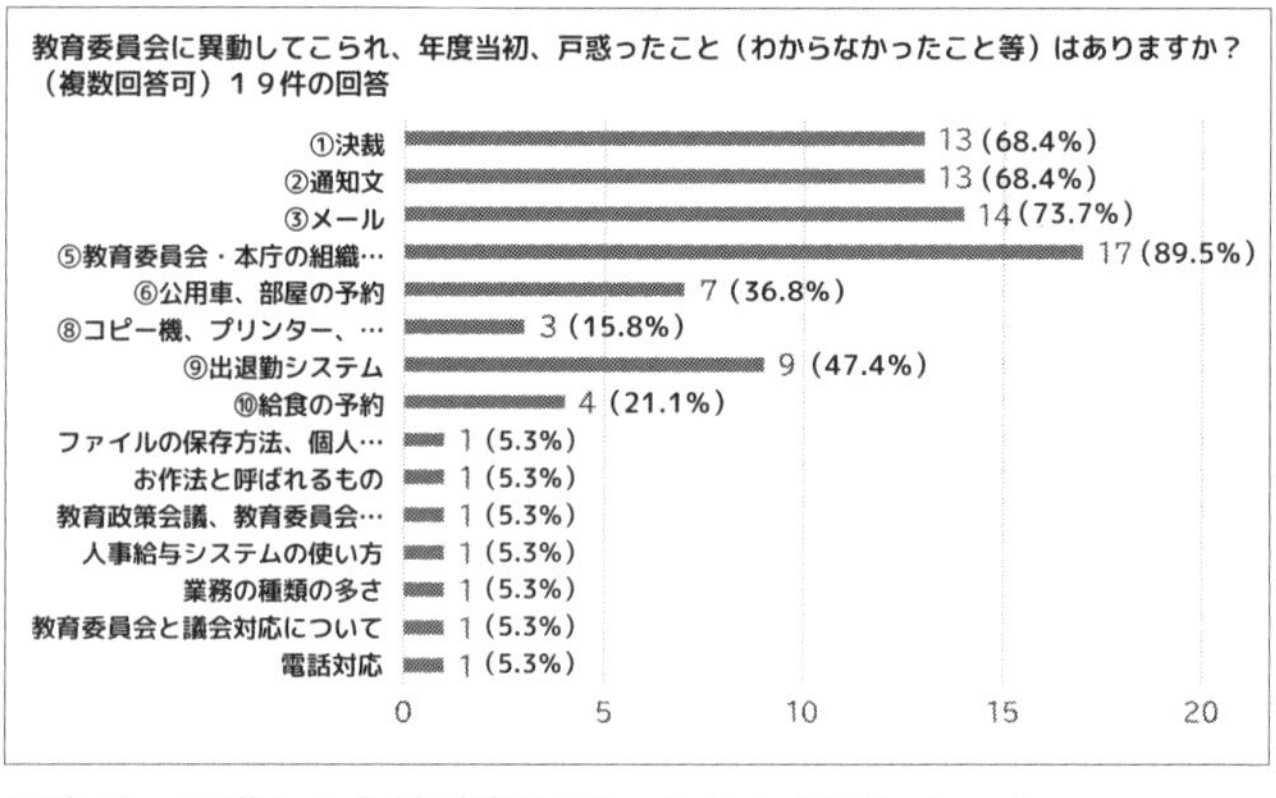

図表４　異動した年度当初に困ったことのアンケート

お作法の数が10項目以内であることがはっきりしてきた12月には、興味深いことが起こりました。

課員の定例会でいつものように具体的な話を進めていたときです。今年度末から来年度初めまでには運用が始められそうなめどが立ち、課員プロジェクトメンバー間で意見を出し合っていくなかで、「4月に一括研修で伝える案」が浮上してきたのです。

▼精選されたので、絶対に知っておきたい必要不可欠な最低限の数にできた。
▼かなり絞り込まれて、これらがわかればとりあえず異動後すぐの大混乱は防げそう。
▼これらの項目について口頭で説明を聞くとすると、どのくらい時間がかかるんだろう？　10項目もないので、異動者に向けて一度に説明できるし、その方が早いのでは。
▼確かに、この項目数ならすぐに説明できそう。
▼説明研修にして一堂に会して新規異動者向けに伝えられたら効率的では。
▼それができるなら理想的！
▼もしや、秘伝の書はいらない!?

▼いや、説明を聞いても忘れるから、後から一人でも見返せる簡潔な秘伝の書はあってほしい。

▼説明を聞いたうえでなら、秘伝の書が簡潔な書きぶりでもよくわかるようになる。

このように、課員プロジェクト発足当初には、丸一日カンヅメで覚えなければならないほど膨大だと思っていたお作法の数が、実は10項目に満たないことがわかったことで、よりよい業務改善案が生まれたのです。10項目適度なら、ごく短時間の説明研修で済みます。チーム発足時は、年度初めに知っておくべきお作法の数の見当もつかなかったのが、プロジェクトを進めていくなかで最低限の項目数がわかったからこそ生まれた改善案です。

自分一人で解決できる秘伝の書のよさと、一括で効率的に伝えられる説明研修のよさも活かしたハイブリッド業務改善となりました。

「4月の引継ぎ改善・秘伝の書作成」チームだけでなく、そのほかの各チームも、プロジェクトを進めていくなかで解決策がどんどん明確になっていきました。

横ぐしチームの原型が見えた

定例でおよそ月に1回は課員プロジェクトメンバーが集まって各チームの進捗を共有し、知恵を出し合っていましたが、中盤以降は「実は各チームのテーマはつながりあっている」「課を横断した定期的な集まりは、業務パフォーマンスアップに有効では」という深い気づきが生まれ始めました。

当初は、各テーマはそれぞれが解決するべきことであり、独立した課題という認識だったため、知恵を出し合うといっても、自分のチーム以外のことにはアドバイス程度という姿勢でした。しかし、プロジェクトを進めていくなかで、課題や解決策には共通することがあることに気がついていきました。

写真5はそんな気づきがどのテーマにおいても生まれ始めた12月の定例会での感想です。「プロジェクトが進むにつれて、そ

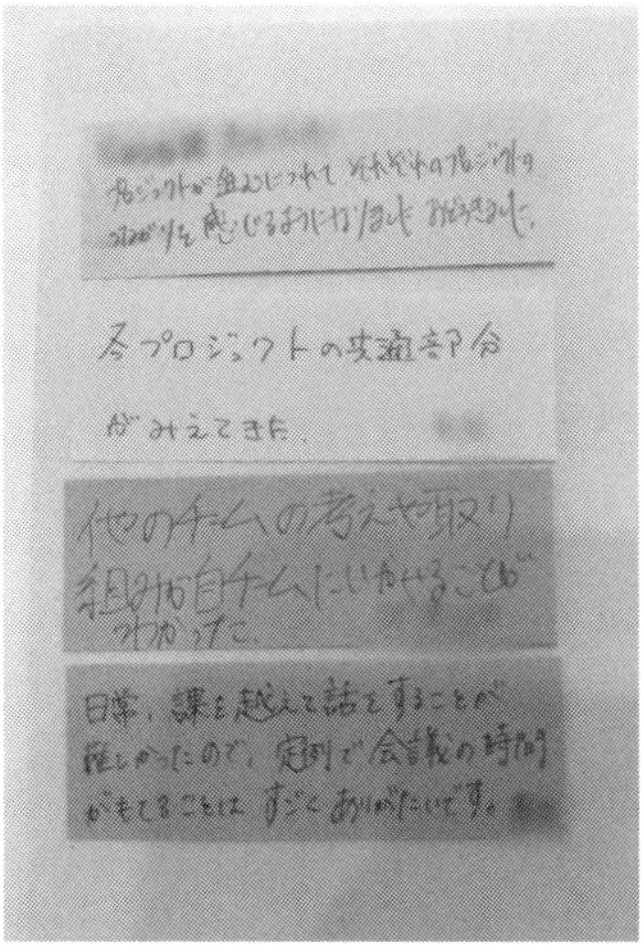

■写真5　つながりの実感

れぞれのプロジェクトのつながりを感じるようになりました。驚きました」とあります。「各チームがやっている課題については、精査していくとつながっていることがわかり、連携していく必要性を感じた」という声もありました。

【課を横断した連携により生まれる効果】

つながりとは、具体的にはたとえば次のようなことです。

▼引継ぎチームは教育委員会内のことだけれども、学校向けＱＡチームと統合すれば、学校と教育委員会間の異動がよりスムーズにできるかもしれない。

▼グーグルチャットチームの運用改善と、カレンダーチームが手掛けていたメールルール作成は、学校への情報提供というくくりで見れば、連携していくことでより着実に学校に情報を届けられるようになり、さらにストレスを減らせるかもしれない。

▼ＱＡチームが学校からの問い合わせの主なものを調べるにあたっては、ＱＡチームメンバーの所属する課だけでは網羅できないので、定例で集まる課を横断した課員プロジェクトチームがあって効率的だった。

これらはまさに、課長プロジェクトで出ていた横ぐしチーム発足の原型ともいえるものでした。課長陣が目指したい「現状の縦割り構造により、非効率が発生したり、付加価値の創造ができにくかったりしていることを解消する」ということが、課員たちが課を超えて話し合ってみたことで、図らずもそのよさを証明することとなったのでした。

4　枚方市教育委員会のこれから

これを書いているのは2023年1月です。枚方市教育委員会のプロジェクト型業務改善は、秋から始まったばかりなのでスタートしてまだわずか半年未満です。

この短い期間に、課長陣による業務改善は、教育委員会のあり方を改めて見つめ直しながら、課を横断したスクラップと真の連携へ。課員による業務改善は、横同士でつながりながら、年度末頃までに形にすることを見据えて着々と動いています。

5章

プロジェクト型業務改善のススメ

プロジェクト型業務改善とは

知恵を出し合い通常業務とは異なる取り組みとして進める「プロジェクト型業務改善」は、先生の幸せ研究所がたくさんの失敗や多くの学校との出会いの末にたどり着いた一つの形で、「やってよかった」と言える「自走する」改革を目指して、徹底的に現場の変化を追求してきたものです。

とはいえ、学校や先生が時代と共に変化すれば、学校改革の形も変化するでしょうし、正直に言えば、私としてはまだまだ試行錯誤の途中です。これが完ぺきな完成した形だと思っているわけではありません。

「業務改善は管理職がするものだ」という声をよく聞きますが、一方で、「トップダウンで進めたら教職員から「それは望んでいない」という不満が噴出した」という声もよく聞きます。

校長先生や管理職は学校や職場をよりよくしたい一心で考えており、職員が不満に思う打ち手をわざと出しているわけではもちろんありませんから、さまざまな理由でそこにはミスマッチがあります。

1章でも述べたように、実際、ある地域の調査では、業務改善への満足度は校長とそれ以外の教員では2倍の開きがありました。日本は諸外国と比べて、目上・目下を意識する階層主義でありながら、みんなで決めたい合意主義でもあるという話を聞いたことがありますが、確かにそうかもしれないと思います。目上の人が決めたことに対して不満やよりよい案があっても、特別に問われない限りは公の場に出すことはあまりないのですが、実は腹案があるし、参画する場があるなら参画したいという人は案外います。

このギャップを埋めることができるトップダウンとボトムアップのバランスのいい方法が、「プロジェクト型業務改善（2023年1月現在商標登録出願中）」で、トップがするべき決断や高い視座での問題提起と、ボトムからの意見や本音を活かした変化の両方を合わせたものです。

23頁でも書いたように、自ら行動して変化を生み出す経験は、目に見えやすい部分だけではなく、見えにくい部分も変え、改革が自分事となったり、視座が上がったりしていきます。職員が自ら手と頭を動かす様子は、職員自身のプロジェクト学習のようです。

図1のように、リーダーの孤軍奮闘度は下がると同時に職員の参画意識が高まり、全体としての幸福度も改革の成果も高まります。当事者意識の高まった人が増えた職員室や職場（図の右側）は、不満を愚痴で終わらせずに解決しようと考える雰囲気で明るくなります。

プロジェクト型業務改善のプロジェクトとは、次の3つが揃ったもののことです。

①通常業務とは異なる取り組み・活動時間
②「始める・考える・決める」のサイクル
③当事者を増やす動き

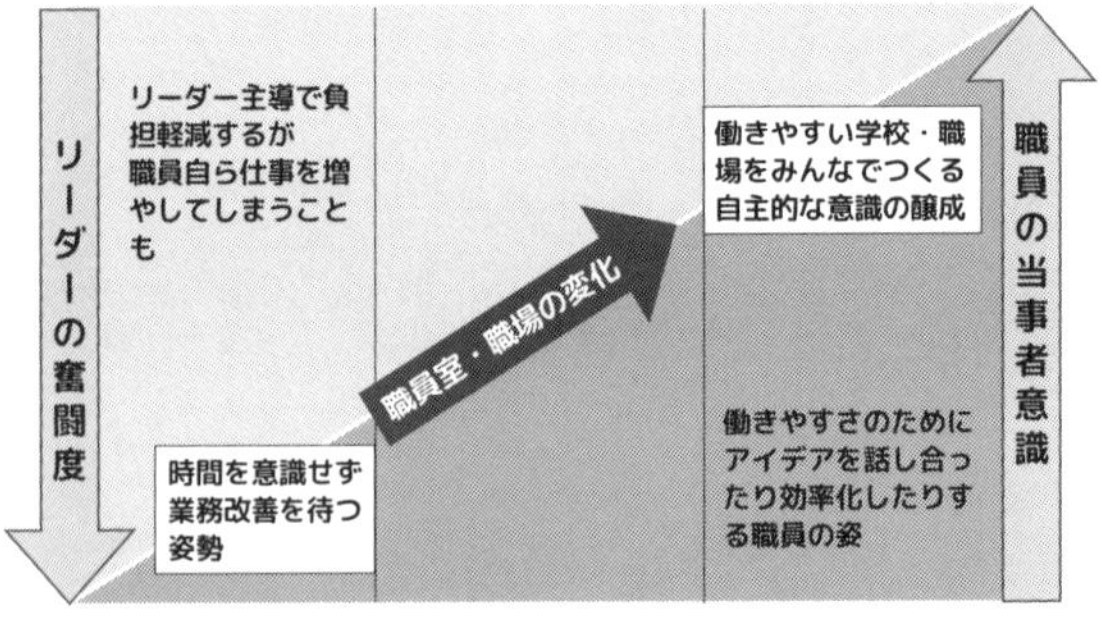

図1　リーダーの奮闘度と教職員の当事者意識

①通常業務とは異なる取り組み・活動時間

業務改善に限らず、何かをこれまでとは変えようと思ったら、そのための取り組みが必要です。「通常業務とは異なる」というのは、

- 通常業務（授業や既存の業務）と同じくらい優先度を上げる
- 既存の業務の枠組みにあてはまらないようなこぼれ球や校内・課内横断的なことも取り扱う

ということです。

初年度の桜丘小学校やセントヨゼフ学園、枚方市教育委員会がそうしたように、既存の業務とは違う取り組み枠として進める方法は、負荷はかかりますが、質の高い投資としておすすめです。また一方で、右記2点を満たせるなら、既存の校務分掌等に位置づけるのもよいと思います。

既存の組織に位置づけるのは、新しい組織を立ち上げる必要がないことがメリットで、「すでにある企画委員会や教務部で業務改善も取り扱うこと」としたり、「運動会は既存

の運動会委員会が改善すること」と割り振ったりします。

デメリットとしては、その分掌チーフや構成員が優先度高く本気で取り組めるかどうかで結果が大きく左右されたり、視座の高さによっては部分最適に終わってしまったりすることが多いことで、既存の組織に入れ込んだはいいけれど、いまいちだったという困り感はよく聞きます。

「余裕があればいつか考えよう」「できる範囲で」といって後回しで手つかずになったり、学校全体を見渡すようなことについて着手できなかったりということが予想されるのであれば、本書でご紹介した3組織のように、課題意識や主体性に応じた新しい枠組みを用意してみるのもおすすめです。

活動時間については17頁の「時間を投資する」に詳しく書きましたのでご覧ください。

②「始める・考える・決める」のサイクル

授業のプロジェクト学習や探究学習のサイクルのように、①〜③（図2）を回して着実に進めていきます。中心に「わくわく」や「やりたい」を置くのがポイントで、誰かからやらされたのではなく、あくまでも主体的に取り組むので、アイデアも良質ですし、困難があっても乗り切ることができ、本当にやりたかったことができたという達成感を得られます。

ひとサイクルを回せば次に取り組むべきことが見えてくるので、次のサイクルを回しながら、改革自体も育てていきます（図2：図の縦軸は、教員や職員の資質向上度合いや、同僚性の高さが入ります）。

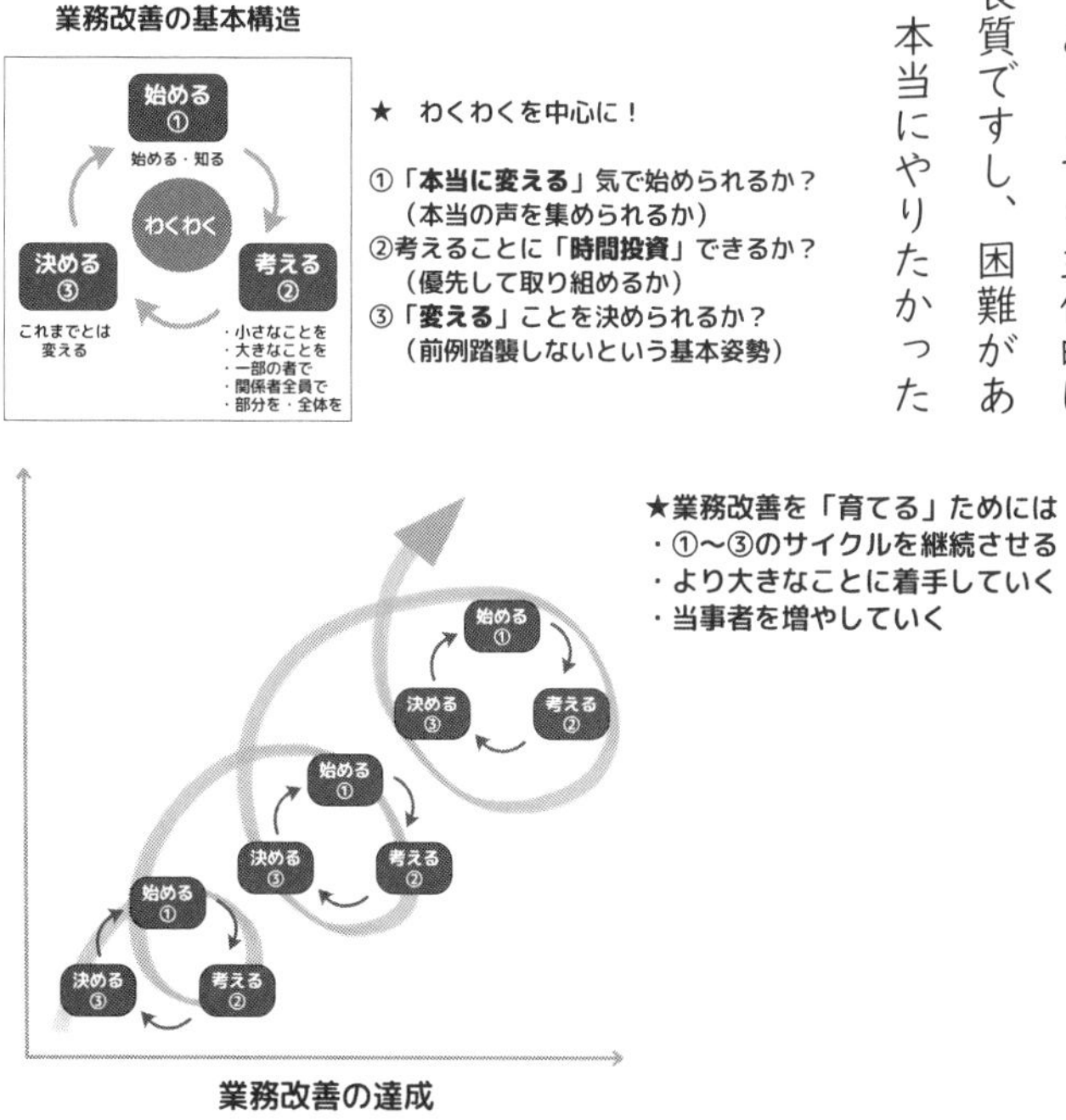
業務改善の基本構造
始める
①
始める・知る
わくわく
考える
②
・小さなことを
・大きなことを
・一部の者で
・関係者全員で
・部分を・全体を
決める
③
これまでとは
変える
★　わくわくを中心に！
①「本当に変える」気で始められるか？
（本当の声を集められるか）
②考えることに「時間投資」できるか？
（優先して取り組めるか）
③「変える」ことを決められるか？
（前例踏襲しないという基本姿勢）
★業務改善を「育てる」ためには
・①～③のサイクルを継続させる
・より大きなことに着手していく
・当事者を増やしていく
業務改善の達成

図2　業務改善の基本構造

学校や職場の現状によりますが、ゼロからのスタートであれば、決められた時間に会議を始めるといった、比較的反対者の出にくい基本的なことから始めて、徐々に難易度は高いけれど重要なことにも着手していきます。

たとえば、意見が割れそうなことや、保護者や地域や他校がかかわること、伝統的な取り組みを考え直すこと、判断軸をつくり直すこと、授業や教育活動のあり方を問い直すようなことなどに発展させていきます。

③当事者を増やす動き

●衆知を集めて一人で決める（128頁参照）

●中間や年度末や、職員の集まる機会など要所要所で進捗を全体に共有する

●当初のプロジェクトメンバー以外からもメ

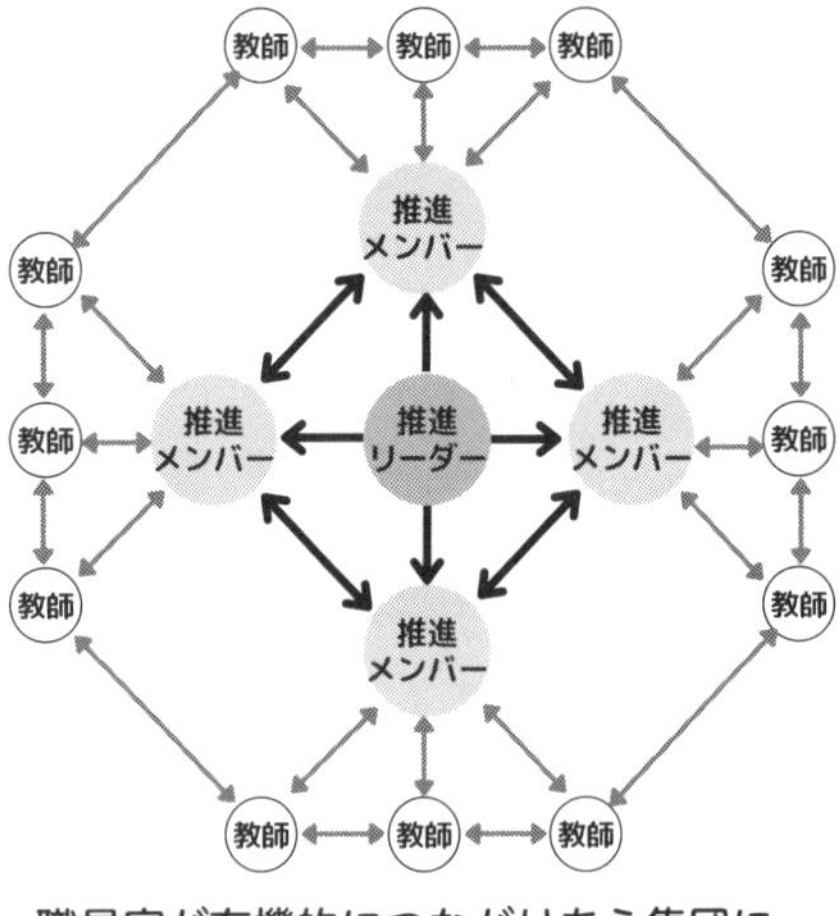

図3　職員室が有機的につながりあう集団に

ンバーを募る

●コアメンバー以外でも「できる範囲で参加」ということもOKとするなどの巻き込みが当事者を増やします。

業務改善は変化のための取り組みなので、前例がないことも多く、できるだけ広く知恵を集めることや、当事者として考えたり行動したりできる人を増やすことが必要で、それには、プロジェクトメンバーだけではなく、薄くても広く巻き込み、このことについて知っていたり、考えたりしたことがあるという人を増やしていくことです。

各テーマが職員室や職場を巻き込み始めると、蜘蛛の巣のように有機的につながり合う集団になっていきます（図3）。桜丘小学校の校長先生が「学校全体が円陣を組んでいるよう」とおっしゃったのはまさにこのことです。

また、当事者を増やすための動きは、密室でいつのまにか決まっていて「知らなかった」という不信を防ぐことにもなりますし、プロジェクトのおかげで変化があったということを知っている人が増えれば優先度を上げることに賛同する人も増え、それ以降の自走につながります。

業務改善の2つのアプローチ

業務改善には、「目標設定型アプローチ」と「課題解決型アプローチ」の２つがあります（図４）。どちらのアプローチにも、メリットとデメリットがあります。また、どちらかだけではなくミックス型で進めることもあります。

目標設定型アプローチ

目標設定型アプローチは、まず、「ありたい姿」を設定し、それと現状とのギャップを埋めていくものです。組織として目指すべきものが明確にありながら進

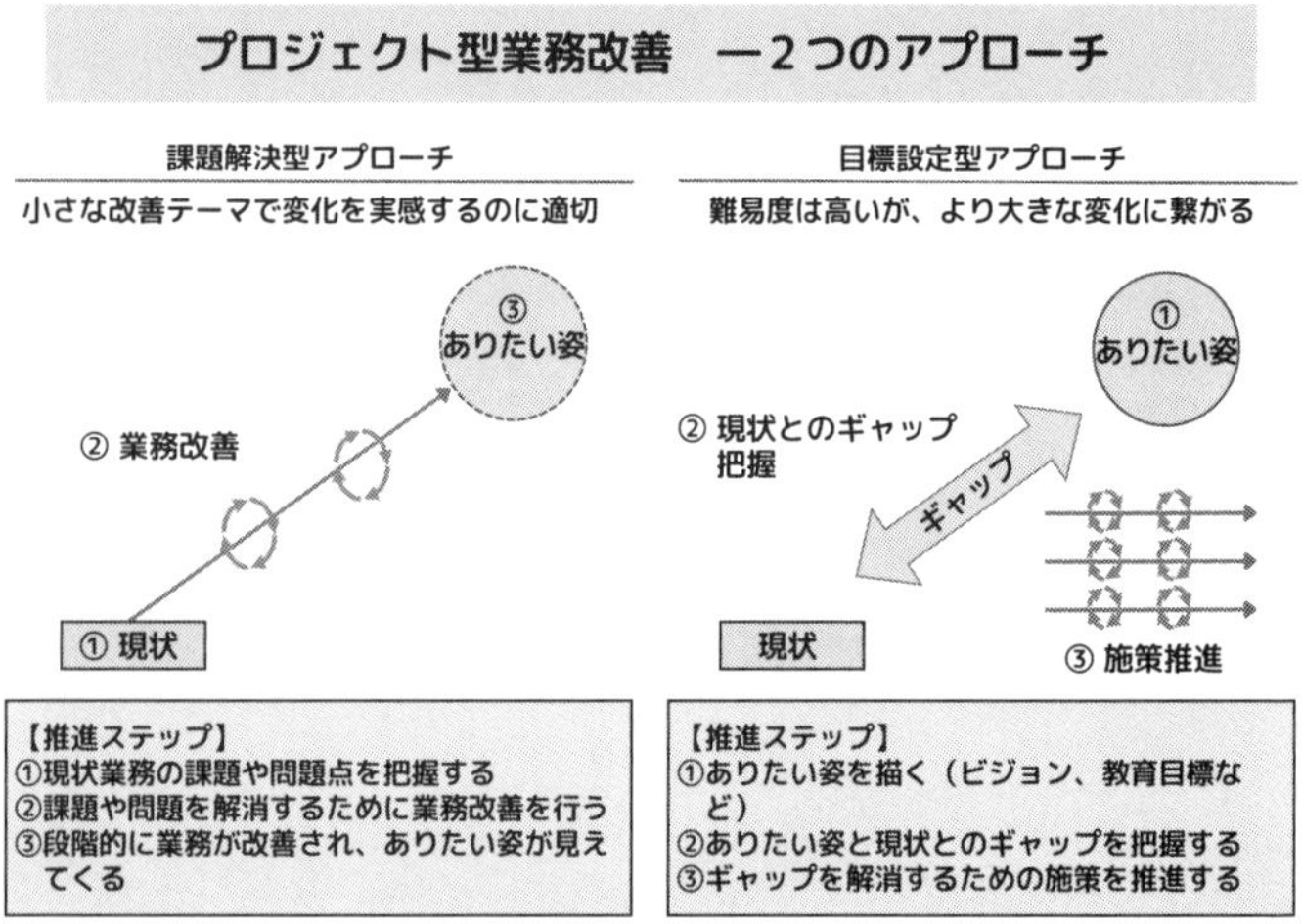

プロジェクト型業務改善　一２つのアプローチ
課題解決型アプローチ
小さな改善テーマで変化を実感するのに適切
③ ありたい姿
② 業務改善
① 現状
【推進ステップ】
①現状業務の課題や問題点を把握する
②課題や問題を解消するために業務改善を行う
③段階的に業務が改善され、ありたい姿が見えてくる
目標設定型アプローチ
難易度は高いが、より大きな変化に繋がる
① ありたい姿
② 現状とのギャップ把握
ギャップ
現状
③ 施策推進
【推進ステップ】
①ありたい姿を描く（ビジョン、教育目標など）
②ありたい姿と現状とのギャップを把握する
③ギャップを解消するための施策を推進する

図４　プロジェクト型業務改善の２つのアプローチ

んでいくのでぶれにくく、目指すべき姿を構成員一人一人が意識しながら自律的に動けるようになるので、判断に迷ったときにも「ありたい姿」に立ち返って、各自や各部署で組織の目指す姿に向けた選択を自律分散的にできるようになります。

ただ、「ありたい姿」を組織の一人一人に浸透させることが難しく、絵に描いた餅になってしまうこともあるので、浸透させるための努力が必要です。

「ありたい姿」の実現にはどんなことが必要か、という逆算の視点で考えるので、飛躍的な変化を生み出せる可能性があります。ただ、通常は、現状と「ありたい姿」に大きな段差があるため、改革の負荷は大きく時間もかかります。また、「ありたい姿」を言語化するための時間がかかり、民間企業ではそのためだけに数年かけて追究することもあるほどです。

課題解決型アプローチ

課題解決型アプローチは、目の前の課題をとにかく解決していくものです。小さなテーマで取り組みやすいので、変化を短期間で実感しやすいと言えます。

ただ、大きなビジョンや遠くの「ありたい姿」を見据えていないため、比較的小粒な方策になり、根本からガラッと変わることを目指すものではありません。大きな方向性がないなかでかじ取りをしなくてはいけないので、意見が割れたときに個人の価値観が判断基準になり、平行線をたどってしまうこともあります。それでも、進めていくなかで目指すべきものが徐々に見えてくるので、それらをとらえて「ありたい姿」を描いていくことは可能です。

業務改善をどう進めたいかを、メンバーに聞くところから始める

改革や変化についてのセオリーでは、よく、まず初めにすることは目的やビジョンを描くことだと言われます。確かに、そこが定まれば軸ができて無駄がなく、美しいのですが、私はたくさんの学校を見てきて、必ずしもそれがいつでも正解のアプローチではないと感じています。

実際の学校現場では、「ありたい姿は」という問いに答えている時間的・精神的余裕すらない場合も多いのです。学校教育目標や建学の精神はあっても、意識することもな

く追われる日々を過ごすことも多く、そんな場合は、課題解決型アプローチで効果の出やすい方策を打って、現在進行形の「出血」を止めることが先です。

コンサルティングを始めた独立当初の私は、このことがわかっていなかったため、セオリーどおりに「どうありたい？」「理想は？」ということから始めたこともありました。喜んでもらえることもありましたが、すぐにでも目に見える結果がほしいという限界ぎりぎりの学校からは「ふわっとしたことはいいから、すぐに変化がほしい」と不満が出てしまいました。

あなたがこれから学校の業務改善を始めようとしているなら、率直にどう進めたいかを組織のメンバーに聞いてみることをおすすめします。

桜丘小学校・セントヨゼフ学園・枚方市教育委員会は、いずれも現場の「やりたい」を活かした結果、その時のそれぞれの組織に必要だったアプローチとなりました。仮に数字で表すとすると、桜丘小学校は課題解決型アプローチ100％で、セントヨゼフ学園は目標設定型と課題解決型が８：２のミックス、枚方市教育委員会は５：５でした。

桜丘小学校は、日ごろ思っていても手をつけられないでいた目の前の「やりにくいな」「この方がいいのにな」を次々と改善・実現し、たくさんの成功体験を積んでいきました。

すぐに目に見える変化がほしいという疲弊した状態だった桜丘小学校で、「どうありたい？」とじっくり取り組んでいくことは現実的ではなかったですし、まずは目の前のことが解決できたという今回の経験があれば、新しい課題も乗り越えていけるでしょう。

セントヨゼフ学園では、「セントヨゼフらしさ」や「大切にしたい行動基準」を考えながら、見えにくい部分をじっくりと醸成していきました。

時間はかかりましたが、出てきたキーワードは「お互いへのリスペクトをもつこと」「本物を選ぶこと」でした。そして、比較的難易度の高いテーマが選ばれ、実際に行動していくなかで、大切にしたい価値観として「ヒトではなくコトを見る」という言葉が、「ありたい姿」を反映した指標になっていきました。現在は、教員の話し合いのなかで「コトを見て考えよう！」「年長者だから、教員だから上ではなく、生徒にも同僚にも人としてリスペクトをもって接しよう」という声が出てくるようになっているそうです。また、その変化は職員室だけではなく、生徒にも大切な価値観として一部浸透しつつあり、これまで冷めた態度だった子どもたちがお互いや教員へのリスペクトをもった温かい行動をし始めているといううれしい報告もありました。今後もさらに、具体的な教育活動やシーンでいつもその「ありたい姿」に立ち返りながら、さらに追及していかれることでしょう。

枚方市教育委員会は、課員プロジェクトでも課長プロジェクトでも目の前の課題解決を進めつつ、課長プロジェクトでは「真の連携」といった、より視点の高い目標を立てて具体的な業務の統合や精選や工夫をしたり、より上位概念としての目指すべき大切にしたい価値観や判断軸や心構えを言語化したりしていきました。本書を書いている今はまだ練り上げている最中ですが、この判断軸が定まり組織に浸透すれば、さらに業務精選も付加価値のアップも期待できます。

外部の伴走者とは

「やってよかった」改革にするために伴走するのが私たちコンサルタントです。

創業以来徹底的に、学校園専門で組織の具体的な変化にこだわってきた弊社には、多少のノウハウがたまっています。まだまだ発展途上でもあり、いわゆるセオリーどおりでもないかもしれませんが、机上の空論ではない自負があります。

コンサルティングと言ってもいろいろなやり方がありますが、先生の幸せ研究所が大切にしているのは、「学校の自律」です。これは、私が教員出身であることと大きく関係しています。教員が卒業後もずっとそばにいられないのと同じように、コンサルタントもいつまでもそばにいられるわけではありませんので、訪問しなくなった後にも学校が自分たちで改革を進めていけるようにという願いがあります。まさに、子ども

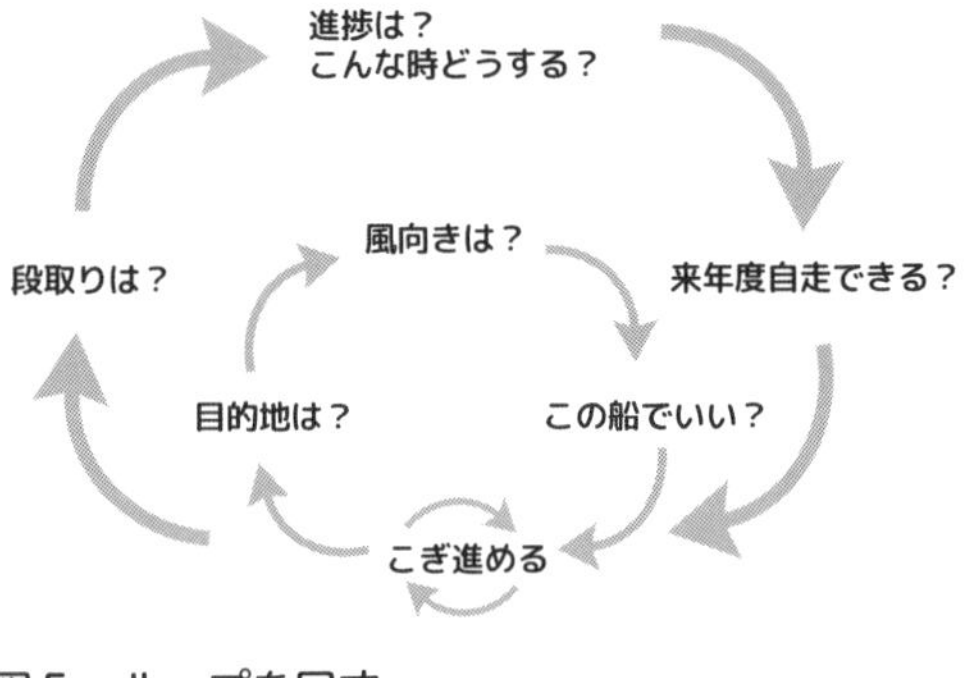

図５　ループを回す

の持つ力を信じて成長のために支援する先生たちが、日々子どもに向ける思いと同じだと思います。

自らの人生を切り拓ける子どもを育てるのと同じで、「学校は自分たちでもっとよくできる」ということを体験し、実感する人を増やしたいと思っています。もちろん、学校によって事情も難しさもさまざまありますが、先生たちが自分たちの可能性を最大限に発揮して、学校から世の中を輝かせていけたらどんなに素敵でしょうか。

図5のいちばん内側のループが日々の業務です。この質を上げるために第2の真ん中のループを回すのが業務改善です。コンサルタントはその第2のループを学校と一緒に回すこともあれば、うまく回るようにさらに外側の第3のループから俯瞰した関わり方をすることもあります。

関わり方・スタンス

コンサルタントへのイメージとして、外部の専門家に一方的に悪い点を指摘されるのでは……と構えられることもありますが、先生の幸せ研究所では次のようなスタンスを目指しています。

先生の幸せ研究所の関わり方・スタンス5か条

1　現場を知っているのは現場！　一方的に指摘せず一緒に考えます
2　話し合ってよかった　楽しい対話の場を作ります
3　御用聞きでも上から目線でもなく、対等なパートナーとして一緒に組織変革を目指します
4　学校専門だからこその豊富な事例で新しい視点をもたらします
5　教職員のわくわくする気持ちを原動力に、対話と体験で心から感じる変化を重視します

コンサルティングって？とよく聞かれますが、私のイメージするコンサルティングは、「行きたい向こう岸に渡れるように支援する人」です。

学校によって、ちょっと押すだけでひょいっと軽々ジャンプして渡れることもあれば、

丈夫な橋があるのに怖くて渡れないこともあり、さまざまです。

私たちは外部の伴走者として、学校専門で向こう岸に渡る基本的なノウハウとスキルを持っていつつも、岸の形も、渡る難易度も、各学校のリソースも毎回違いますので、毎回違う現場に応じて関わり方や役割を変化させています。

- 一緒に考えるチームメンバー
- 進捗管理をするコーチ
- 外の風を入れ視野狭窄を防ぐ情報屋
- 管理職やリーダーの相談役

など、その時々に応じてさまざまな役割を担っています（図6）。

【先生の幸せ研究所の関わり方・スタンス5か条】

1．現場を知っているのは現場！一方的に指摘せず一緒に考えます
2．話し合ってよかった　楽しい対話の場を作ります
3．御用聞きでも上から目線でもなく、対等なパートナーとして一緒に組織変革を目指します
4．学校専門だからこその豊富な事例で新しい視点をもたらします
5．教職員のわくわくする気持ちを原動力に、対話と体験で心から感じる変化を重視します

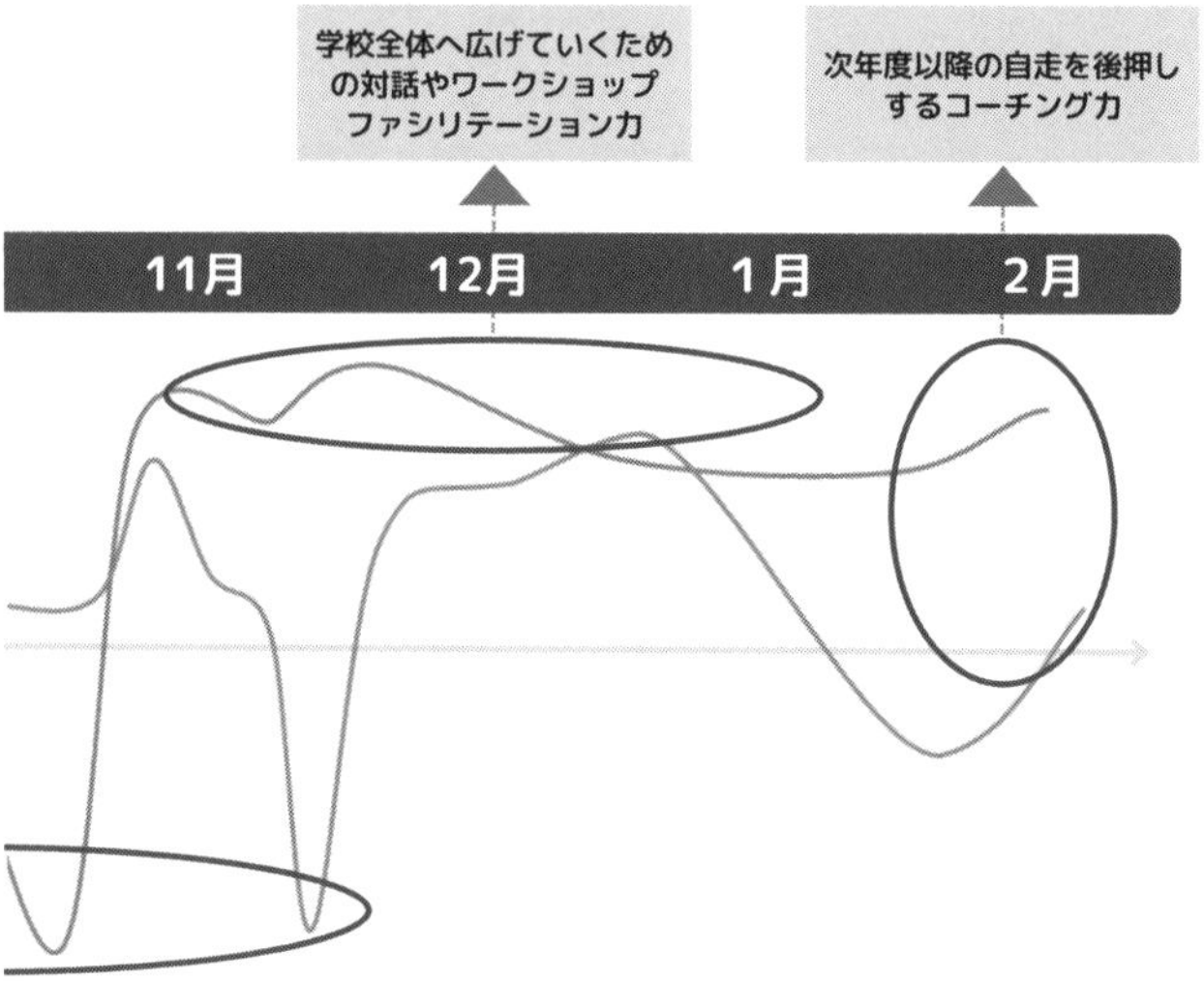

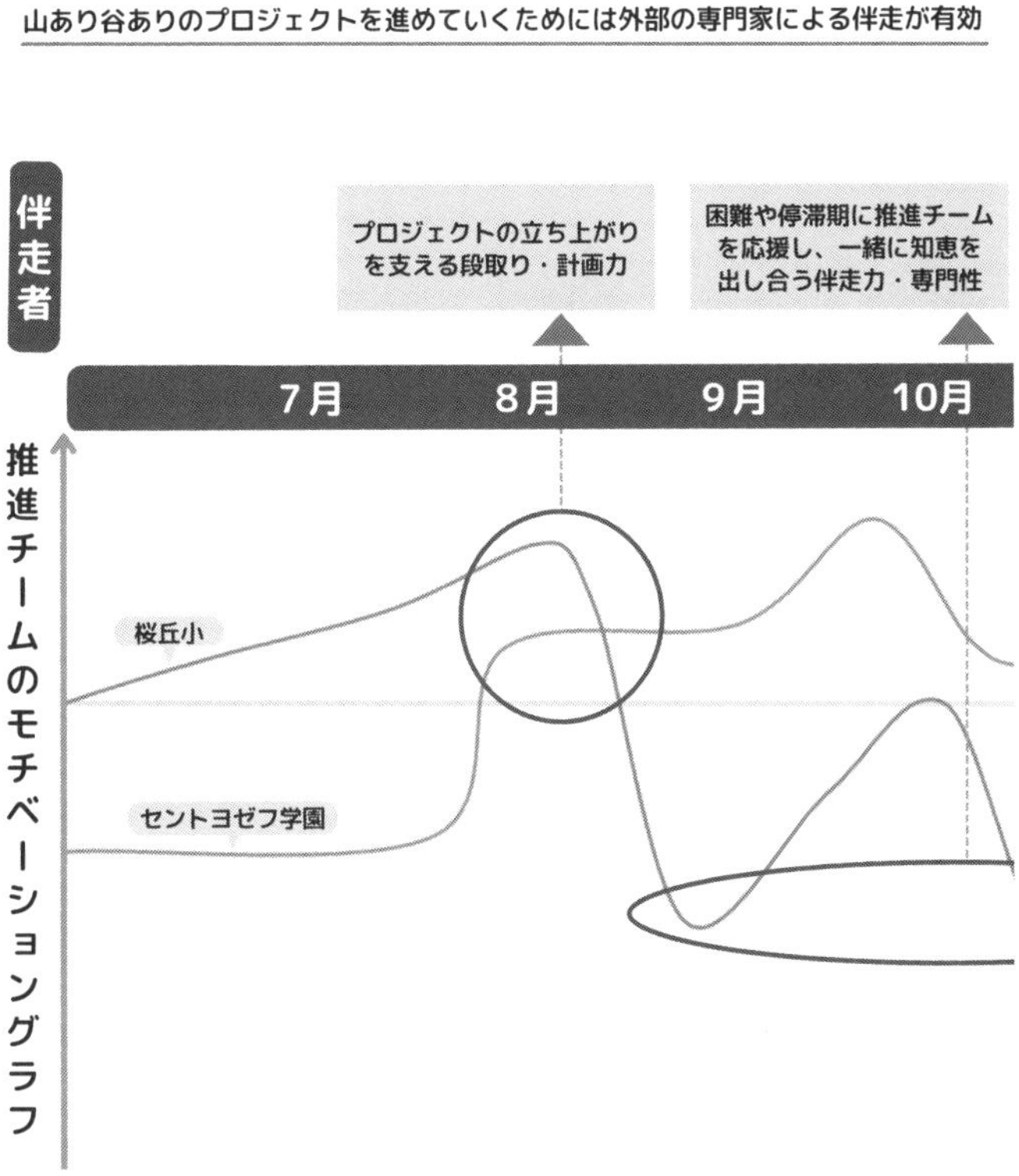

図6　コンサルタントの関わり

おわりに

内発的動機を大切にしたプロジェクト型業務改善に取り組んだ3つの組織の、それぞれのストーリーはいかがでしたか？

机上の計画やマニュアルどおりにいかないリアルさ、同僚と知恵を出し合うからこその新しい気づきや喜びなど、一筋縄ではいかない現場の等身大の姿があったと思います。人で構成されているのが組織ですので、ひとつとして同じ現場はなく、それぞれに違う彩《いろど》りがあります。

酸いも甘いも丸ごと全てひっくるめておもしろがりながら、ぜひ本書を片手にプロジェクト型の学校づくりや校内コンサルタント的な役割にトライしてみてもらえたらうれしいです。通常の業務とはまた違ったやりがいを感じることができることと思います。自分の組織のそれぞれのストーリーを生み出す人が、本書をきっかけに増えていったらいいなと思います。

ひいてはそれが、仕事でも私生活でも自分の人生のハンドルを自分で握っている実感を持つ人であふれ、自由と可能性にあふれた幸せな先生や学校がどんどん増えていく未来を作るきっかけになったなら、これほどの喜びはありません。

山も谷も乗り越えながら粘り強く取り組みを進めてくださった桜丘小学校の皆様、セントヨゼフ女子学園高等学校・中学校の皆様、枚方市教育委員会の皆様、学校改革の先輩としても人生の先輩としても導いてくださった石川先生、出版の機会を作ってくださった編集の桜田様、岡本様、筆の遅い私を支え励ましてくれた社員のみんな、案の段階から温かい応援を送ってくれた福成さん、いつも見守ってくれる夫と息子、本書を通じて出会えた全ての方に、心から感謝を伝えたいと思います。ありがとうございました。

２０２３年２月

澤田　真由美

㈱ 先生の幸せ研究所

「日本の教育をもっと自由に！」というビジョンを掲げ、教育に関わる様々な分野や組織を対象に、自立・自律や自走を後押しするための伴走支援を行っています

活動	自由と可能性にあふれた世の中を学校から創るべく、学校を大人にも子どもにも楽しくする働き方改革・組織開発を提供 チーム学校の強化・校長の学校経営サポート・地域保護者との協働・教職員の資質向上・授業のアップデート・先生のマイプロジェクトなどを実施
実績	➢ 経済産業省「未来の教室」実証事業採択 -「教師のわくわくを中心にしたPBL型業務改善で授業と学校組織の変革につながる/教師の新しい専門性は向上する」「教育委員会が学校の伴走者に変わっていくためのプロジェクト型組織変革プログラム」 ➢ 全国の教育委員会・学校に対して多数の働き方改革継続的支援・コンサルティング実績 ➢ その他、公立私立学校への伴走支援・単発での研修講師、学校改革推進者養成など多数

※本書の内容は、経済産業省「未来の教室」実証事業、令和３年度採択「教師のわくわくを中心にしたPBL型業務改善で授業と学校組織の変革につながる／教師の新しい専門性は向上する」、令和４年度採択「教育委員会が学校の伴走者に変わっていくためのプロジェクト型組織変革プログラム」での実践をもとに作成しました。

■著者紹介■

澤田真由美（さわだ・まゆみ）

先生の幸せ研究所代表／学校専門働き方・組織風土改革コンサルタント

青山学院大学卒業後、約10年間小学校教員として勤務。自由と可能性に溢れた世の中を学校から創るため、年間200案件以上の学校園の改革を手掛ける。「先生のわくわく」を引き出し、教育の現場をよく理解したコンサルティングに定評がある。経済産業省の「未来の教室」実証事業において、令和３年度「教師のわくわくを中心にしたPBL型業務改善」、令和４年度「教育委員会が学校の伴走者に変わっていくためのプロジェクト型組織変革プログラム」採択。著書に『「幸せ先生」×「お疲れ先生」の習慣』、『「幸せ先生」のダンドリ術』（明治図書）、『先生のための仕事革命ワークブック』（学陽書房）。

自分たちで学校を変える！
教師のわくわくを生み出すプロジェクト型業務改善のススメ

2023年3月30日　第1刷発行

著　者	澤田 真由美
発行者	福山 孝弘
発行所	株式会社 教育開発研究所
	〒113-0033　東京都文京区本郷2-15-13
	TEL03-3815-7041 ／ FAX03-3816-2488
	https://www.kyouiku-kaihatu.co.jp
表紙デザイン	長沼 直子
印刷・製本	中央精版印刷株式会社
編集担当	桜田 雅美

ISBN 978-4-86560-570-9